누가
뭐래도
서울
아파트를
사라

누가 뭐래도 서울 아파트를 사라

서울 아파트, 지금 사도 늦지 않았다!

심형석 · 강승민 지음

원앤원북스

서울 아파트,
지금 사도 늦지 않았다

규제는 또 다른 규제를 낳기 마련이다. 2019년 12월 16일 발표된 '주택 시장 안정화 방안', 즉 12·16 대책으로 집값 상승을 선도한 서울 13개 구 전 지역과 도시정비사업 이슈 등이 있는 5개 구 37개 동이 추가로 민간택지 분양가 상한제 적용 지역으로 지정되었다. 분양가 상한제로 지정된 지역은 낮은 분양가로 인해 해당 분양주택을 누구에게 배분할지가 관건이다. 청약에 당첨되는 순간 수억 원의 시세차익이 발생하기 때문이다. 따라서 청약제도의 재정비가 요구된다.

청약제도만 재정비할 것이 아니라, 시세차익이 발생하니 여기에도 일정 수준의 규제가 포함되어야 한다. 자연스럽게 전매 제한 제도가 더 강화되는 것이다. 이렇게 규제가 규제를 낳는 상황이 정상적인 것일까? 우리나라의 청약제도는 지난 40년간 140번가량 바뀌었다. 국토교통부 담당 공무원도 잘 이해하지 못하는 누더기가 된 지 오래다. 규제로 점철된 부동산 시장의 폐해다.

문재인 정부의 부동산 대책의 근간을 마련한 8·2 대책이 발표되기 전(2017년 1~7월) 강남 아파트의 매매가격 상승률은 3%대였다. 이 상승률은 지난 30년간의 평균 매매가격 상승률과 큰 차이가 없다. 강남 아파트의 매매가격은 평균적으로 매년 5%씩 상승했고, 이는 지난 30년간의 통계가 증명한다. 하지만 정부의 8·2 대책이 발표되자마자 몇 개월 숨죽이던 강남 아파트 가격은 되레 급격하게 오르기 시작했고, 지금은 정부의 규제로 강남뿐만이 아니라 수도권과 지방까지 가격이 불안정해졌다.

부동산 규제의 가장 큰 문제점은 거래를 제한한다는 점이다. 부동산 시장에서는 적정 수준의 거래를 통해 가격을 조정하는 것이 바람직하지만, 줄어든 수요보다 더욱 희소해진 공급으로 인해 부동산 가격이 오른다면 투자자나 실수요자 모두 당황스럽기는 마찬가지다. 대부분의 부동산 전문가들은 현재의 부동산 시장을 정상적으로 보지 않는다. 적정 수준의 거래를 통해 가격을 조절하는 시스템 자체가 망가졌기 때문이다. 정부의 잘못된 규제로 아파트 가격이 오른다면 그 피해는 공히 주택 수요자들에게 돌아갈 것이다.

규제가 심해질수록 투자는 신중해야 한다. 부동산 시장의 수요자가 줄어드는 것도 이런 이유 때문이다. 하지만 규제는 또 다른 기회를 만든다. 규제가 의미하는 바를 잘 파악해서 투자에 활용한다면 제법 큰 수익을 얻을 수 있다. 이미 가격이 많이 올랐다고 우울해할 필요는 없다. 현재 시점에도 투자할 수 있는 서울 아파트는 많고, 단지 지역과 상품을 어떻게 고르느냐가 중요할 따름이다. 특히 내집마련을 준비 중인 실수요자라면 더욱 그렇다. 지금도 서울 아파트를 사기에 늦지 않았다.

2019년 12월을 기준으로 강남3구 중 하나인 송파구에도 9억 원이하의 아파트가 21%나 된다. 새롭게 강남권으로 편입 중인 강동구는 무려 59.2%다. 9억 원 이하의 아파트는 12·16 대책으로 인해 가장 큰 수혜를 얻을 것으로 예상되는 상품이다.

규제를 통해 부동산 시장의 가격 상승을 막을 수는 없다. 전 세계어느 나라에도 이런 사례가 없었다. 특히 지금은 시중에 풀려 있는 돈이 많다. 갈 곳 없어 떠도는 자금 규모가 1천조 원에 달한다. 우리나라만의 문제가 아니라 전 세계적으로 유동성이 넘쳐나는 시기다. 저금리가 이런 현실에 불을 질렀고, 경기까지 나빠져 주식 시장 또한 재미없기는 마찬가지다.

주식 시장의 상황이 좋지 않으니 기업으로 돈이 흘러가지 않고,

마땅히 돈을 굴릴 데가 없어 안전자산으로 인식되는 부동산 시장만 강세를 보이고 있다. 단순히 규제한다고 해서 서울 아파트의 가격 상승을 막기는 힘들 것이다.

이 책은 부동산 시장의 상승 사이클을 강조한다. 2013년 8월부터 시작된 상승의 사이클이 10년 동안 지속된다면 2023년이 중요한 기점이 될 것이다. 2018년에 시작된 조정기를 거쳐 상승의 하반기는 2020년부터 시작될 것으로 예상한다. 그 상승의 하반기는 상반기와는 조금 다를 듯하다.

강남 등 핵심 지역만이 아니라 그동안 소외되었지만 교통 여건이 개선되는 수도권 외곽 지역도 상승의 동력을 마련할 것이다. 지방도 예외는 아니다. 산업 경기 악화와 과다한 입주물량으로 어려움을 겪었던 부산·울산 등 동남권도 상승의 흐름에 동반할 가능성이 크다. 이 책이 상승의 하반기에 올라타려는 투자자와 실수요자의 투자 결정에 도움이 되었으면 한다.

심형석·강승민

12·16 대책,
두려워할 필요 없다

메가톤급 부동산 대책이 발표되었다. 그 어떤 부동산 전문가도 12·16 대책 발표를 눈치채지 못했다. 철저한 보안 속에서 기습적으로 발표해 시장에 충격을 주겠다는 정부의 의도가 엿보인다. 하지만 안타깝게도 이번에 발표된 규제책은 2018년에 발표된 9·13 대책에서 크게 벗어나지 않는 모습이라 서울 아파트 불패론을 잠재우기는 어려울 듯하다. 강력한 규제로 거래와 가격을 조정하겠다는 정부의 목표는 이루기 힘들어 보인다.

이번에 발표된 대책의 핵심은 금융 규제를 강화해 서울 강남 등에 소재한 고가 아파트의 신규 매수를 억제하는 데 있다. 주택담보대출비율(LTV) 규제를 더욱 강화하는 한편 주택담보대출자의 신용대출 이용도 차단했다. 아울러 전체 대출 증가에서 가장 큰 비중을 차지하는 전세대출 규제를 강화한 점이 눈에 띈다.

12·16 대책으로 가장 큰 피해를 입은 매물은 15억 원 초과 아파트다. 기존 고가 주택의 기준은 9억 원이었는데, 15억 원이 넘는 아파트를 초고가 아파트로 규정해 은행 대출을 제한했기 때문이다. 이렇게 금액대별로 투자의 제한을 둔다면 어떤 일이 벌어질까? 매매가격을 그 금액대에 수렴하려는 동력이 커질 수 있다. 특정 가격을 지정하면 그 가격이 심리적 저지선이 되어 시장에 영향을 미치게 된다.

규제가 발표된 이후 거래된 초고가 아파트는 대부분 최고가를 넘거나 이전과 비슷한 가격대에 매매되었다. 대책이 발표된 이후 초기 단계지만 시장에 큰 변화가 없다는 말이다. 오히려 벌써부터 다른 부작용이 엿보인다. 다음은 〈매일경제〉의 2019년 12월 24일 기사다.

강남과 목동 등 학군이 좋은 지역 전셋값이 대책 발표 이후 줄줄이 사상 최고가를 갈아치우고 있는 모습이다. 22일 부동산 업계에 따르면 지난 16일 정책이 발표된 이후 서초구·강남구 등에서 전세 최고가를 경신하는 단지가 속출하고 있다. 한 달 전보다 1억 원이 오른 곳도 있다. (…) 정부 대책 발표 이후 매매를 위한 대출이 막히면서 전세로 선회하는 수요자가 늘어났기 때문으로 부동산 전문가들은 분석하고 있다. 학원가가 몰려 있는 대치동도 상황은 비슷하다. 대치동에 있는 한 부동산 중개업소에 따르면 시세보다 1억 원 올려주겠으니 전세 매물을 구해달라는 수요자도 있다.

12·16 대책의 부작용은 전세 시장 불안에 그치지 않는다. 15억원 초과 아파트에 대한 대출을 전면 금지하면서 초고가 아파트 거래가 얼어붙었지만, 이에 반해 대출금액이 줄어든 9억~15억 원 아파트나 대출 규제 변화가 없는 9억 원 이하 아파트는 거래가 활발해졌다. 9억 원 안팎 아파트 위주로 상승세가 두드러진다. 국토교통부 실거래가 공개시스템에 따르면 2019년 12월 17일부터 일주일간 전국 아파트 거래 건수는 1,392건이었고, 15억 원 초과 건수는 3건으로 약 0.2%였다(국토교통부 등록 기준으로, 계약 체결 후 60일 내 신고하므로 실제 거래는 더 많음). 대책이 발표되기 일주일 전에는 초고가 아파트 거래가 43건이었으므로 규제가 효과를 보는 듯하지만, 9억 원 이하 아파트는 오히려 대책 이후 호가가 상승하고 있다.

9억 원 이하 아파트가 몰려 있는 곳의 매물들은 연이어 신고가를 달성했다. 노원구 중계5단지 전용면적 58m²는 12·16 대책이 나온 지 이틀 만에 4천만 원가량 올랐고, 홍제동 인왕산현대 전용면적

114.72m²는 같은 달 17일 8억 1천만 원에 거래되면서 전고가를 넘었다. 암사동 프라이어팰리스 전용면적 59m²는 전고가보다 1억 원가량 올랐고, 몇 달 전 7억 9천만 원에 거래된 이매진흥 전용면적 59m²는 8억 8천만 원까지 올랐다.

15억 원 초과 아파트는 대부분 강남3구에 몰려 있다. 15억 원 초과 아파트가 가장 타격을 받을 것이라는 전망에도 불구하고, 초고가 아파트는 전국의 2.5%에 불과한 수준이어서 규제가 시장에 미치는 영향은 크지 않을 것으로 보인다. 더 유의해야 할 점은 경기권과 지방의 15억 원 초과 아파트다. 이들의 비중은 3.2%에 불과하나 비규제 지역일 경우 시세가 15억 원이 넘더라도 대출 규제가 없다.

단언컨대 12·16 대책도 서울 아파트 상승장은 막지 못할 것이다. 9억 원 이하 아파트의 경우 별다른 규제를 하지 않았기 때문에 이들을 중심으로 새로운 상승 동력이 마련될 것이다. 12·16 대책에 대한 종합적인 분석과 대응방법에 대해서는 본문에서 자세히 후술하겠다. 부동산 규제와 요동치는 시장 사이에서 혼란스러워질수록 자신만의 투자 전략을 공고히 하기 바란다.

1장 흔들리지 않는 성, 서울 아파트

4장 규제 속에서도 서울 아파트는 상승한다

5장 시황에 흔들리지 않는 부동산 투자 노하우

서울 아파트 시장이 2020년 들어 장기 침체를 겪게 될 것이라고 예측하는
전문가들이 늘었다. 하지만 수급과 지표, 정책의 향방을 분석해보면 서울
아파트 시장이 결코 쉽게 무너질 수 없다는 걸 알 수 있다. 이번 장을 통해
서울 아파트 시장의 미래가 왜 견고한지 알아보자.

흔들리지 않는 성,
서울 아파트

서울 아파트 시장은 꺾이지 않는다

2018년 9월 이후 서울 아파트의 거래량이 줄어들면서 약세를 보이자, 서울 아파트 시장이 2020년 들어 장기 침체를 겪게 될 것이라고 예측하는 전문가들이 늘었다. 반면 필자를 비롯해 여전히 서울 아파트 시장의 상승세가 꺾이지 않을 것이라고 예측하는 분석가들도 있는데, 이러한 주장에는 몇 가지 근거가 있다. 수급과 지표, 정책의 향방을 분석해보면 서울 아파트 시장이 결코 쉽게 무너질 수 없다는 걸 알 수 있다. 이처럼 전문가들이 서울 아파트 시장의 미래가 견고하다고 확신하는 이유에 대해 알아보자.

서울 아파트 시장이
흔들리지 않는 이유

첫 번째 이유는 수급의 불균형이다. 부동산 시장을 움직이는 가장 기본적인 원칙은 수요와 공급의 원리다. 2014년 이후 서울 지역 아파트 매매가격이 가파르게 올랐던 이유도 공급이 부족했기 때문이었다. 정부는 지금껏 입주물량이 많았고 분양한 아파트도 꽤 있어서 이제 공급 부족 문제가 해결되었다는 입장이지만, 전문가들은 공급 없이 수요 규제로만 가닥을 잡은 정부의 정책이 집값을 상승시켰다는 의견이다. 그렇다면 정부가 공급이 충분하다고 주장하는 이유는 무엇일까? 아파트 공급의 이면을 살펴보자.

최근 서울시 주택 입주물량은 정부의 입장대로 꽤 증가했다. 국토교통부와 서울시의 통계에 따르면 주택 입주물량 자체는 수요에 비해 부족함이 없었다. 2016년 서울에 공급된 입주물량은 무려 9만 1,193세대에 이르렀지만 대부분은 아파트가 아니었다. 서울의 입주물량이 가장 많았던 2017년에도 아파트의 입주물량 비중은 39.7%에 그쳤다. 2017년 전국 평균 주택 입주물량 중 아파트의 비중은 67%로, 서울과 비교해보면 그 격차가 크다는 걸 알 수 있다.

주택산업연구원의 조사에 따르면 박원순 시장 재임 기간인 7년(2012~2018년) 동안 서울에 공급된 새 아파트는 연평균 3만 2,680가구로, 이는 이전 7년(2005~2011년) 동안의 공급물량과 비교해보면 약 16%가량 줄어든 수치다. 서울 아파트의 연간 수요는 약 4만 가구

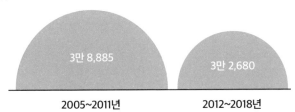

서울 새 아파트 연평균 공급물량 변화

(단위: 가구)

3만 8,885
2005~2011년

3만 2,680
2012~2018년

*준공 기준
자료: 주택산업연구원

로 추정되는데, 매년 7천 가구 이상의 공급이 부족했던 셈이다. 지난 7년간 부족했던 공급물량은 단순 계산해도 5만 가구에 달한다. 공급이 충분했다는 정부의 주장과 배치되는 통계다.

주택 수요자들은 아파트에 대한 기대가 크다. 아파트의 가장 큰 수요는 비아파트에서 아파트로 이동하려는 대체 수요다. 물론 신규 수요는 언급할 필요도 없다. 그럼에도 불구하고 아파트 공급은 계속 부족했고, 이러한 기조가 이어진다면 누적된 잠재수요가 언제든 폭발할 수 있는 뇌관이 될 가능성이 높다.

또한 서울에 공급되는 아파트는 대부분 재개발·재건축 물량이다. 그 비중은 무려 80%를 훌쩍 넘는다. 재개발·재건축 사업은 조합원 물량을 제외한 30% 내외만이 일반 분양되는 신규 공급물량이기 때문에 작금의 공급 부족 현상은 더 심각하다고 볼 수 있다. 특히 주택 수요자들이 가장 선호하는 10대 건설사의 브랜드 아파트는 당초 계획보다 공급이 대폭 줄어들 전망이다. 2019년 8월 기준 GS건설의 공급량은 22.7%, 현대건설의 공급량은 22.3%로 목표 대비 20%대에 그쳤다.

결과적으로 공급이 많았던 해에는 서울의 입주물량이 9만 세대를 넘을 정도였지만, 이 중 주택 수요자들이 선호하는 대형 건설사의 브랜드 아파트는 2만 세대 내외에 그친 것이다. 이 정도 입주물량은 서울 인구의 1/3밖에 되지 않는 부산의 연간 입주물량 수준이다. 따라서 2020년 이후에도 수급 부족은 해소될 가능성이 낮다.

두 번째 이유는 선도지표와 심리지표의 흐름에 있다. 과거 아파트 매매가격을 예측할 때 자주 사용했던 거래량 등의 지표는 지금과 같은 부동산 규제 시대에는 한계가 많다. 규제가 심하면 심할수록 거래량은 줄어드는데, 거래량이 줄어들면 가격도 하락했던 과거와 달리 현재는 규제가 심할수록 오히려 가격이 상승하기 때문이다.

과거 6년간 서울 아파트의 중위가격(매매가격을 순서대로 나열했을 때 중간에 있는 가격)이 어떻게 움직이는지 살펴보면 거래량이 미치는 영향이 미미하다는 걸 알 수 있다. 문재인 정부 들어 동결효과(납세에 대한 저항으로 부동산을 매도하지 않아 부동산 거래가 동결되는 효과)가 커졌지만 서울 아파트는 거래량과 관계없이 장기적으로 상승 흐름을 보였다.

그렇다면 거래량을 보완할 수 있는 통계로는 어떤 것이 있을까? 바로 선도지표와 심리지표다. KB국민은행에서 발표하는 '매수우위지수'와 '선도아파트50지수'가 대표적이다. 매수우위지수는 매도자와 매수자 가운데 어느 쪽이 많은지 산출하는 지수로, 기준점인

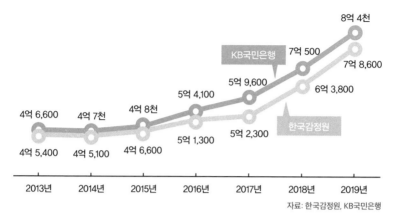

(단위: 만 원, 1월 기준)

8억 4천

KB국민은행 7억 500

7억 8,600

5억 9,600

6억 3,800

5억 4,100

4억 8천

4억 6,600 4억 7천

한국감정원

5억 2,300

5억 1,300

4억 5,400 4억 5,100 4억 6,600

2013년 2014년 2015년 2016년 2017년 2018년 2019년

자료: 한국감정원, KB국민은행

100을 기준으로 '100+(매수자 많음 비중)−(매도자 많음 비중)'을 통해 계산한다. 선도아파트50지수는 매년 12월 기준 시가총액 상위 50개 단지의 아파트를 선정해 시가총액 변동률을 지수화한 것이다.

두 지수 모두 상승세를 보이고 있다. 서울의 매수우위지수는 정부의 부동산 규제로 등락을 거듭하고 있지만 2013년 8월 이후 증가 추세다. 블루칩 아파트들의 매매가격 흐름을 지수화한 선도아파트50지수도 마찬가지다. 2013년 8월 이후 계속 오르는 중이다. 통계가 집계된 이후 전고점이었던 67.9를 이미 훌쩍 넘었고, 2019년 8월 기준으로 103.2를 기록했다. 결과적으로 여전히 시장은 우상향 중이라는 뜻이다.

서울 아파트 시장이 흔들리지 않는 세 번째 이유는 서울 아파트

서울 매수우위지수

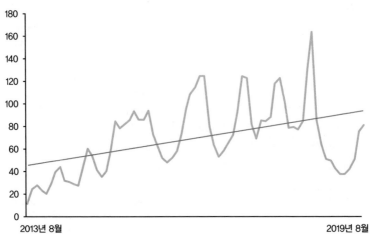

2013년 8월
2019년 8월

선도아파트50지수

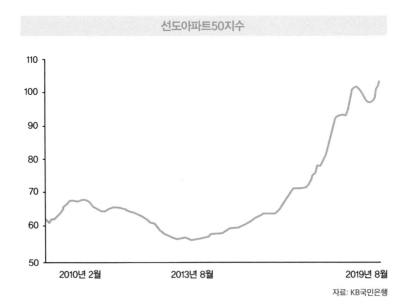

2010년 2월
2013년 8월
2019년 8월

수요를 늘려놓은 정부의 부동산 정책이다. 정부의 다주택자에 대한 강력한 규제는 '똘똘한 한 채'에 대한 수요를 증가시켰고, 이러한 기조는 앞으로도 변하지 않을 것으로 보인다. 지방의 자산가들이 서울로 원정 투자를 오는 상황에 대한 책임은 오로지 정부에 있다. 서울 이외의 지역에 거주하면서 서울 지역 아파트를 매입하는 사람이 최근 5년 사이 3배 이상 증가했다.

한국감정원에 따르면 2019년 7월 서울 외 지역 거주자가 서울 아파트를 매입한 건수는 1,498건으로, 전체 거래의 21.4%에 달했다. 타 지역 거주자의 서울 아파트 매매 건수가 1천 건을 넘어선 것은 2018년 10월 이후 처음이다. 어디 지방 사람만일까? 서울 내의 주택 수요자들 또한 도돌이표처럼 서울 내에서만 움직인다. 지방에 집이 있던 사람들조차 그 집을 다시 팔고 똘똘한 한 채, 즉 서울 아파트를 사고 있다. 다음은 2019년 12월 17일 〈스마트경제〉 기사다.

정부는 올해 규제 일변도의 부동산 대책을 내놓았다. 연이은 대책에 불구하고 집값이 천정부지로 치솟자 다시 금융·세제·청약을 망라한 부동산 종합대책을 내놓았으나 서울 집값은 아랑곳하지 않고 상승세를 이어가는 모습이다. (…) 부동산114에 따르면 올해 서울을 비롯한 수도권 아파트값은 전국 평균 상승률보다 2~3배 오른 반면 지방 도시 아파트값은 3~4배 하락했다. 종합부동산세 인상 등 규제에 따라 세금 부담이 커진 다주택자들이 수도권에서 '똘똘한 한 채'를 찾고 있기 때문이다.

현재 서울의 아파트 시장은 숨 고르기에 들어간 상태라고 이해하는 것이 현실적이다. 온갖 규제와 불합리한 정책으로 인해 정중동의 상황이다. 하지만 시장이 움직인다는 뚜렷한 신호가 나타난다면 실수요자들은 다시 매입에 나설 것이다.

통계청에 의하면 2017년 무주택자에서 주택 소유자가 된 사람은 98만 1천 명에 달했다. 그중 다시 무주택자가 된 53만 6천 명을 제외하더라도 주택 보유자 수가 44만 5천 명이 늘어난 것이다. 이들중 67.2%, 즉 29만 9천 명이 새로 주택을 매입한 1주택자들이다. 무주택자에서 주택 소유자가 된 사람이 100만 명에 가깝다는 현실이야말로 시장이 움직이고 있다는 방증이다.

서울 아파트 수요는 줄어들 수 없다

부동산을 규제 대상으로 보는 진보정권이 들어서면서 거래 가능한 아파트가 급격히 줄어들었다. 분양권과 재개발·재건축 아파트 등 새 아파트를 선호하는 경향이 갈수록 커지고 있지만 공급이 마땅치 않다. 구축이라고 일컫는 기존 아파트의 경우에도 양도소득세 중과로 인해 팔기가 쉽지 않고, 규제 지역의 새 아파트는 아예 팔 수도 없다.

정부 입장에서는 가장 매력적인 부동산 상품을 규제하고 싶을 것이다. 주택 수요가 풍부하고 공급은 한정된 상품이기 때문에 규제하는 것이지, 수요가 없고 공급도 언제든지 늘릴 수 있는 상품은 규제할 이유가 없다. 실수요자와 투자자 모두가 원하는 상품은 정부에서 규제를 하고 있는 상품이다. 사람의 심리란 것이 묘해서 언제든지 살 수 있는 물건이 널려 있는 경우에는 오히려 사고자 하는 욕구가 줄어들지만, 살 수 없는 상황이거나 살 능력이 없을 때는 왠지 그 물건이 더 매력적으로 보인다. 현재 새 아파트로 탈바꿈할 수 있는 분양권이나 재개발·재건축 아파트가 바로 그런 상품들이다.

리스크가 큰
새 아파트 규제

정부는 이렇게 새 아파트로 탈바꿈할 수 있는 상품들을 규제하는 것이 얼마나 위험한지 잘 모르는 것 같다. 새 아파트에 대한 수요를 너무 안일하게 판단하는 듯하다. 실수요자나 투자자 모두 신규 아파트에 관심이 많지만 입주연도가 오래된 기존의 아파트에는 관심이 거의 없다. 특히 에코붐 세대는 훨씬 더 새 아파트에 대한 욕구가 강하다. 이런 경향은 통계로도 명확하게 나타난다.

가구주 연령 집단별 향후 거주하고 싶은 주택 유형을 보자. 19세 미만은 무려 71.8%가 아파트를 원한다. 나이가 어릴수록 헌 아파트를 바랄 리 없다. 새 아파트의 잠재수요가 그만큼 크다는 뜻이다. 기성세대라면 조금 낡은 아파트도 참고 살 수 있을지 모르나 요즘 세대는 그렇지 않다. 19세 미만이 구매력을 가지게 되는 시기가 되면 새 아파트에 대한 수요는 훨씬 더 커질 것이다.

(단위: %)

가구주 연령	아파트	일반 단독주택	단지형 단독주택	연립주택 및 다세대주택	기타	잘 모름
19세 미만	71.8	20.6	0	1.1	0	6.5
20~29세	67.3	15.6	4.9	6.3	0.3	5.6
30~39세	67.5	19.8	3.9	4.4	0.5	3.9
60세 이상	30.6	55.0	4.6	5.3	0.2	4.3

자료: 국토연구원

2018년 전국 노후 주택 현황(30년 이상)

(단위: 호)

행정 구역별	단독 주택	아파트	연립 주택	다세대 주택	기타	합계
전국	194만 6,965	77만 9,170	17만 925	12만 5,864	6만 1,343	308만 4,267
읍부	27만 7,733	1만 5,784	1만 6,562	3,900	7,186	32만 1,165
면부	72만 3,497	8,352	4,605	1,718	6,625	74만 4,797
동부	94만 5,735	75만 5,034	14만 9,758	12만 246	4만 7,532	201만 8,305

자료: 통계청

통계청에 의하면 2018년 기준 전국에서 30년 이상 된 노후주택
은 308만 호에 달한다고 한다. 그중 아파트는 약 78만 호다. 아무리
입지가 좋아도 오래된 집은 상품성이 떨어지기 마련이고, 지어진 지

30년 이상 된 주택은 당연히 매력이 떨어진다. 그렇다고 재건축만 기다리고 무작정 들어가 살 수도 없다.

에코붐 세대의 등장,
새 아파트 수요 더 늘어

지금의 새 아파트 선호 현상은 여러 요인을 거론할 수 있겠지만 궁극적으로는 아파트 상품이 가지는 한계 때문이다. 아파트는 단독주택과 다르게 노후화가 빨리 진행되고 부분 보수에도 한계가 있다. 다시 말해 단독주택의 경우에는 아무리 오랜 세월이 지나도 지속적으로 보수하고 관리하면 새집이나 마찬가지지만, 오래된 아파트는 내부를 아무리 잘 보수해도 공용면적까지 새것으로 만들 수는 없다. 본인의 집이 깨끗하더라도 집 밖을 나서는 순간 쾨쾨한 냄새를 풍기는 구축 아파트를 선호하는 사람은 없을 것이다.

또 하나의 주요 원인은 에코붐 세대다. 에코붐 세대는 베이비붐 세대의 자녀 세대로 일반적으로 1980년대에 태어난 이들을 가리킨다. 1970년대 후반과 1980년대에 태어난 세대로 그 숫자가 베이비붐 세대 못지않은데, 이들의 주택 보유율은 낮은 수준에 머물고 있어 구매 잠재력이 큰 인구계층이다.

에코붐 세대는 이전 세대와 다른 특징을 보인다. '가성비'라는 말이 유행할 정도로 가격 대비 성능에 민감한 세대다. 조금 낡은 아파트도 수용하던 기성세대와는 다르게 같은 값이면 새 아파트를 선호한다. 심지어 새 아파트에 전세를 사는 한이 있더라도 오래된 기존 아파트는 구매하지 않는다. 주변만 봐도 알 수 있다. 집을 구매하려는 조카들과 함께 임장을 하면 대부분 신규로 입주하는 아파트만을 원한다. 매매가격을 물어보고 본인들의 예산에 맞지 않으면 아예 전세로 방향을 트는 경우도 많다.

안타깝게도 많은 이들이 새 아파트를 원함에도 불구하고 실제로 거래할 수 있는 새 아파트가 없기 때문에 전체 거래에서도 분양권 거래는 급감하고 있다. 2011년 전체 아파트 거래에서 16.9% 수준이었던 분양권 거래는 2016년 32.3%로 급증했다. 하지만 문재인 정부가 들어선 2017년에는 부동산 규제로 인해 분양권 거래가 전체 아파트 거래에서 차지하는 비중이 12.8%로 급격히 감소했다. 또한 2018년 상반기 1,796건이었던 분양권 전매 건수는 2019년 상반기 1,035건으로 70% 이상 감소했다.

그렇다면 정부의 이러한 규제책이 과연 효과를 보았을까? 규제에도 불구하고 부동산 가격은 안정화되지 않았다. 문재인 정부가 출범한 2017년 5월부터 2019년 10월까지의 아파트 매매가격 변화를 보면 비수도권은 하락했지만 서울과 수도권은 상승했다는 것을 알 수 있다. 오히려 지방과 수도권 부동산의 양극화 현상만 심화된 것이다.

새 아파트에 대한 수요가 과거에 비해 크게 증가하고 있는 상황에서 거래할 수 있는 새 아파트가 급격히 감소하는 것은 좋은 현상

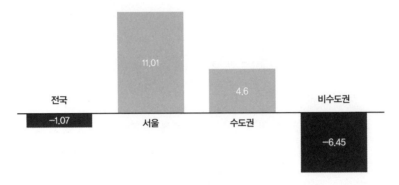

2017년 5월~2019년 10월 아파트 매매가격 변화

(단위: %)

- 전국: -1.07
- 서울: 11.01
- 수도권: 4.6
- 비수도권: -6.45

이 아니다. 규제에 의해 억눌리고 있는 새 아파트에 대한 수요는 과연 어디로 갈까? 잠재되어 있는 새 아파트 수요가 언제 어디서 어떤 부작용을 가져올지 우려된다.

서울 고가 아파트의 가격 상승률은 세계 1위

영국 부동산 정보업체 나이트프랭크에 의하면 2017년 3분기부터 2018년 1분기까지 서울의 상위 5% 고가 아파트의 가격이 24.7% 상승해 상승률 세계 1위를 기록했다고 한다. 전 세계 주요 43개 도시를 비교한 자료로 남아프리카공화국의 케이프타운(19.3%)과 중국의 광저우(16.1%)가 각각 2위와 3위를 기록했지만 조금 빛바랜 느낌이다. 왜냐하면 서울 고가 아파트의 3개월(2017년 12월~2018년 3월)간 가격 상승률이 무려 11.6%로 같은 기간 2위인 케이프타운(1.4%)과 3위인 광저우(2.2%)를 압도했기 때문이다.

분기마다 발표하는 이 자료에서 나이트프랭크는 2018년 1분기에 서울이 전 세계 고가 아파트 가격을 선도했다고 언급했다. 그만큼 서울의 고가 아파트 가격 상승률이 높았음을 의미한다. 이런 현상은 글로벌 부동산 정보업체의 분석만이 아니라, 우리나라에서 발표하는 통계에서도 두드러진다. KB국민은행의 자료에 의하면 상위 20% 고가 아파트의 가격은 1년간(2017년 5월~2018년 5월) 11.33% 올랐으나 하위 20% 저가 아파트의 가격은 오히려 0.59% 하락했다.

지방 광역시 또한 대부분 지역에서 고가 아파트의 상승률이 가장 높았다. 최근 부동산 경기가 상대적으로 호황인 대구뿐만 아니라 울산 같은 침체 지역에서도 고가 아파트의 가격 상승률이 높거나 하락률이 낮았다.

고가 아파트가
득세하는 이유

고가 아파트가 득세하는 현상은 왜 유독 서울에서 두드러진 것일까? 원인은 역시 수급에 있다. 고급 아파트에 대한 수요는 늘고 있으나 공급이 뒷받침되지 못해 가격이 폭등한다는 분석이다.

KB경영연구소에 의하면 금융자산이 10억 원 이상인 고액자산가의 수가 꾸준히 증가하고 있다고 한다. 2016년 기준 고액자산가의 수는 24만 2천 명으로 21만 1천 명이었던 2015년과 비교하면 약 15% 증가했다. 대형 증권사에 1억 원 이상 예치한 고액순자산 보유

금융자산이 10억 원 이상인 한국의 고액자산가 수

(단위: 천 명)

구분	2012년	2013년	2014년	2015년	2016년
부자 수	163	167	182	211	242

자료: KB경영연구소

자 또한 급증했다. 2018년 3월 기준으로 미래에셋대우는 16만 9천 명에 이르고, 삼성증권도 10만 명이 넘는다고 한다.

자산가가 늘어나면서 고급 아파트에 대한 수요도 증가세다. 리얼투데이에 따르면 서울에서 40억 원이 넘는 초고가 아파트의 거래량은 2013년 12건에서 2017년 105건으로 크게 증가해, 고급 주택에 대한 수요가 확실히 증가하고 있다는 것을 알 수 있다. 초고가 주택 거래 상위 지역은 해당 주택이 다수 존재하는 용산구(141건)·강남구(76건)·성동구(34건) 순이었다. 공급이 수요를 이끌고 있다는 방증이다.

지지옥션에 따르면 2018년 5월 서울에 위치한 10억 원 이상 고가 아파트의 낙찰가율은 108.6%로 역대 최고치를 기록했다. 이는 2001년 관련 통계를 조사한 이후 가장 높은 낙찰가율이다. 1년 전과 비교하면 10억 원 미만 아파트의 낙찰가율은 오히려 감소했으나 10억 원 이상 아파트는 증가했다. 평균 응찰자 수 또한 마찬가지다. 10억 원 미만은 11.7명에서 7.2명으로 급격히 줄었으나 10억 원 이상 아파트는 2배 이상 증가했다. 고급 아파트에 대한 수요가 늘어나고 있다는 뜻이다.

서울 아파트 낙찰가율 및 평균 응찰자 수 변화

구분	10억 원 미만		10억 원 이상	
	낙찰가율	평균 응찰자 수	낙찰가율	평균 응찰자 수
2017년 5월	102.7%	11.7명	99.3%	6.1명
2018년 5월	101.5%	7.2명	108.6%	12.7명

자료: 지지옥션

하지만 안타깝게도 고가 아파트는 최근 거의 지어지지 않고 있
다. 강남권에서 전용면적 135m² 이상인 초대형 주택은 2014년 이
후 공급이 중단되었다. 대형 아파트 공급 또한 씨가 마르기는 마찬
가지다. 분양면적 132m² 초과 대형 아파트 공급은 2017년 이후
5% 수준에 그쳤다. 문재인 정부 들어 이러한 현상은 더욱 가속화되
었는데 주택 공급 시장이 서민주택 위주로 재편되었기 때문이다. 최
근 일반 분양을 통해 입주자를 모집한 고가 주택은 성수동의 아크
로서울포레스트가 유일하며, 단지 내에서도 30억 원이 넘는 가구
수 또한 119세대에 불과하다. 이는 서울 일반 분양 가구수에서 겨우
0.3% 비중일 따름이다. 실질적인 분양가 규제가 큰 영향을 미친 것
으로 보인다.

민간주택에는 분양가 규제가 없어졌지만, 주택도시보증공사가
분양보증을 독점하면서 분양가를 주변 시세보다 낮게 책정하는 중
이다. 부동산114에 의하면 2018년 1분기 강남구의 기존 아파트
3.3m²당 매매가격은 4,552만 원인데 새 아파트의 3.3m²당 분양가
격은 4,228만 원에 불과하다. 새 아파트에 대한 수요가 많고, 오래된

아파트와 비교해 새 아파트 가격이 월등히 높은 현실을 반영하지 못하는 것이다. 새 아파트의 분양가가 기존 아파트의 매매가보다 낮다는 것은 이해하기 힘든 일이다. 이런 상황에서 주택 사업자들이 고급 아파트를 공급할 가능성은 거의 없다.

고급 아파트 공급이
주택 시장 안정시켜

역설적으로 고급 아파트의 공급을 늘려 수요와 균형을 맞추는 것이 주택 가격 안정에도 도움이 된다. 정부는 분양가를 규제하면서 고가 주택의 공급을 막았지만, 고가 아파트를 중심으로 서울 아파트 가격이 오른 이유는 적정 수준으로 공급을 늘리지 못했기 때문이다. 서울은 일반 아파트뿐만 아니라 고급 아파트 또한 절대적으로 부족한 상황이다. 고급 아파트가 공급될 수 있도록 민간 부문의 규제를 없애는 것이 필요하다.

지방 광역시마저 고가 아파트의 가격 상승률이 높거나 가격 하락률이 낮았다. 주택 시장이 양에서 질로 바뀌고 있음을 의미한다. 이러한 상황에서 정부가 계속 고급 아파트의 공급을 막는다면 고가 아파트의 가격 폭등 현상이 일반 아파트로까지 전이될 가능성이 크다. 선도 아파트의 가격 상승을 일반 아파트들이 따라가는 '키 맞추기'가 부동산 시장의 일반적인 현상이기 때문이다.

부동산은 궁극적으로 키 맞추기를 하는 경향이 있다. 그 지역의 가장 비싼 아파트가 오르면 뒤이어 그다음 비싼 아파트가 오르는 식이다. 이런 가격 상승은 시간을 두고 순차적으로 이루어진다. 주식과 같은 금융자산도 마찬가지다.

지역 내 가장 비싼 랜드마크 아파트는 여타 아파트에 비해 가격을 선도하는 역할을 하기 때문에, 수도권과 지방 간 고가 아파트의 가격 차이가 심해질 경우 집값의 양극화 현상이 고착화될 가능성도 커진다. 특히 다주택자 양도소득세 중과로 인해 똘똘한 한 채에 대한 수요가 늘어나면서 지방 부동산 시장이 지속적으로 조정을 받을 가능성이 커졌다. 이럴 때일수록 고가 아파트의 움직임을 더 민감하게 모니터링할 필요가 있다. 서민 아파트의 가격 안정을 위해서라도 소득 수준에 맞는 주택 공급이 절실한 시점이다.

호재에 민감한 서울 아파트

8·2 대책을 발표한 지 수년이 지났다. 연이은 부동산 규제에도 불구하고 서울 아파트 가격은 꺾이지 않았다. 최근 서울 부동산 시장의 중요한 특징 중 하나는 호재에 민감하고 악재에는 둔감하다는 것이다. "상승장일 때는 호재에 민감하고 악재에 둔감하다."라는 주식 시장의 격언이 서울 부동산 시장에도 적용되고 있다.

부동산 시장 역시 자산 시장이기 때문에 주식 시장과 마찬가지라는 생각은 들지만, 주식과 달리 부동산은 보통 일반 투자자들의 전재산이 걸려 있다. 따라서 현재와 같이 과도하게 호재에 민감한 시장은 좀 과열로 느껴진다.

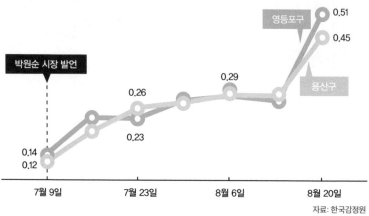

박원순 시장 발언 후 급등한 용산·여의도 집값

(단위: %)

박원순 시장 발언

영등포구 0.51

0.45

0.29

0.26

0.23

0.14
0.12

용산구

7월 9일   7월 23일   8월 6일   8월 20일

자료: 한국감정원

    2018년 7월부터 서울의 집값이 가파르게 상승하기 시작했다. 많은 전문가들의 예상과 달리 서울 아파트는 죽지 않았다. 서울 아파트 가격이 움직인 시발점은 박원순 서울 시장의 발언이었다. 용산과 여의도를 통합 개발하겠다는 그의 발언에 용산과 여의도뿐만 아니라 서울 전체의 아파트 가격이 뛰어오른 것이다. 결국 박원순 시장은 2018년 8월 26일에 개발계획을 철회했지만, 서울 아파트 가격의 상승세는 수그러들지 않았다.

    사실 이 이야기는 어떻게 보면 악재일 수도 있다. 여의도 지역의 재건축 사업은 앞으로 제대로 된 방향을 잡기가 어려울 것이다. 통합 개발에 대한 마스터플랜이 나오기 전까지 여의도 재건축은 물 건너갔다는 의견이 대다수다. 실제로 서울시는 2018년 7월 도시계획

서울시 9차 도시계획위원회 재건축 보류 판정 단지

단지명	준공연도	가구수	계획 용적률	계획 층수
공작 아파트	1976년	373가구	470%	50층
왕궁 아파트	1974년	250가구	245.5%	35층

위원회에 안건으로 상정된 여의도 공작 아파트, 용산 왕궁 아파트 재건축 사업을 보류했다.

재건축 사업이 성공하기 위한 가장 중요한 변수 중 하나는 시간이다. 재건축 사업의 기간을 얼마나 단축할 수 있는지가 사업 성공과 직결된다고 볼 수 있다. 통합 개발에 대한 장밋빛 전망이 미래가치에 반영될 수 있으나, 하염없이 길어지는 재건축 사업 기간은 중대한 리스크다.

반면 최근 서울 아파트 가격 상승은 분양가 상한제 도입 때문으로 보인다. 민간택지에 분양가 상한제를 도입하면 주택 사업자나 조합에서 사업을 미루거나 보류할 가능성이 크다. 6개월 유예기간을 뒀지만 큰 변수는 아니라고 판단했을 것이다. 한마디로 공급이 줄어드니 가격이 오를 것이란 예측에 기인한 움직임으로 보인다.

서울 아파트 시장은 호재에 민감하고 악재에는 둔감한 특성을 보인다. 다주택자 양도소득세 중과에 대응하고 극복하기까지 다소 시간은 소요되었지만, 부동산 세제 개편은 잠깐의 걸림돌이었을 따름이다. 오히려 불확실성이 해소되었다며 적극적으로 뛰어드는 투자자들의 모습도 보인다. 서울 부동산 시장은 왜 이렇게 호황일까?

호재에 민감한 시장은
어떤 모습일까?

호재에 민감한 시장은 나무보다 숲 때문인 경우가 많다. 특정 지역의 개발 이슈는 잠깐의 호재지만, 상승할 수밖에 없는 환경이 조성된 경우에는 어떤 재료든 집어삼킨다. 주식 시장과 마찬가지로 대표적인 요인은 부동산 시장 내 풍부해진 유동성이다. 한국은행에 의하면 2019년 6월 말 기준으로 시중에 풀린 부동산 자금은 사상 최대치인 1,070조 원이라고 한다. 가계대출 증가세도 마찬가지다. 정부의 규제에도 불구하고 가계대출의 주범인 주택담보대출은 규제 전 수준을 회복했다.

이렇게 시중에 많은 자금이 풀려 있는데 정부의 부동산 규제가 제대로 효과를 볼 리 만무하다. 대출 규제 또한 자산가들의 부동산 투자에는 큰 영향을 미치지 않는다. KB국민은행에 의하면 한국 자산가들의 부동산 자산 비중은 총자산의 53.7%로 2018년 53.3%에 비해 늘었다.

또 다른 요인은 대세 상승기에 접어든 부동산 시장의 흐름이다. 참여정부의 부동산 매입 주체가 베이비붐 세대였다면, 문재인 정부에서는 에코붐 세대다. 2013년 8월부터 시작된 부동산 시장의 상승 흐름은 10년은 지속될 것으로 보인다. 중간중간 조정을 받겠지만 악재를 호재로 만들어버리는 시장의 힘은 적어도 2023년까지 부동산 시장을 상승 국면에 올려놓을 가능성이 크다.

30대는 분양 시장의 주 매입계층이다. 지역에 따라 다르지만, 전체 계약자 중 30대가 30%를 훌쩍 넘는다. 신혼부부나 청년에게 집중된 주거 지원 대책은 이러한 흐름을 더 강화할 것이다. 그렇다고 베이비붐 세대라고 해서 집을 팔지는 않는다. 저금리와 고령화라는 시대 흐름은 증여와 노후 대비 투자라는 명분으로 이들을 여전히 부동산 시장에 묶어두고 있다. 모델하우스를 가보면 알 수 있다. 잿빛 머리를 흩날리는 베이비붐 세대가 드물지 않다. 고령화로 인해 이들은 과거 40대 때처럼 적극적으로 부동산 시장에 개입한다.

무엇보다 수급 요인이 서울 아파트 시장을 호재에 민감하게 만들었다. 서울에서 공급되는 아파트의 80~90%는 재개발·재건축 물량이다. 주인 있는 집을 공급한다는 뜻이다. 서울의 진짜 연간 신규 공급물량은 2만~3만 세대에 지나지 않는다. 이는 부산과 비슷한 규모로, 인구와 자산이 몇 배나 높은 서울에서 부산과 비슷한 물량을 공급하면 집값이 오르지 않을 수 없다. 그럼에도 불구하고 정부는 집값을 잡겠다는 명분으로 재건축 사업을 규제하고 있고, 강남의 재건축 사업 분양은 연기되거나 심지어 후분양으로 돌아서고 있다.

전국 아파트 분양물량

(단위: 가구)

구분	2014년	2015년	2016년	2017년	2018년	2019년 1~8월
세대	34만 4,887	52만 5,467	46만 9,058	31만 1,913	28만 2,964	19만 2,710

자료: 국토교통부

이러한 기조가 이어진다면 2~3년 후의 집값 또한 안정된다고 장담하기 어렵다. 2018년 전국의 분양물량은 약 28만 호로 과거에 비해 급격히 줄었다. 2019년에도 이런 추세가 이어지고 있어 2008년 글로벌 금융위기 이후 최저치를 기록할 가능성도 적지 않다.

집값 상승을
막을 수 있을까?

서울의 아파트 시장은 불안정하다. 정부는 부동산 가격을 안정화하겠다는 기치 아래 규제 일변도로 밀어붙였으나 서울 아파트 시장은 여전히 불안정한 상태다. 만일 정부가 재건축 사업의 진행을 원활하게 만들어주고 분양가도 규제하지 않았다면 어땠을까? 서울 주변, 특히 강남 인접 경기 지역의 그린벨트를 해제하고 분양 아파트를 공급했다면 상황이 달라졌을까?

이제는 늦은 감이 있다. 지금부터 준비해서는 앞으로 지속될 대세 상승기를 막기 어려울 것이다. 집값 상승의 여파는 특히 서울 내에서만 도돌이표처럼 돌고 있다. 정부의 규제가 강남에서 비강남, 이후 비강남에서 다시 강남으로 계속 서울 내에서만 가격 상승이 전이되는 슬픈 궤적을 만들었다. 지금처럼 서울 아파트만 오른다면 지방과의 격차가 더 벌어져 부작용이 심화될 것이다.

도돌이표로 서울 부동산만 움직이는 이유는 수요 감소가 기여한

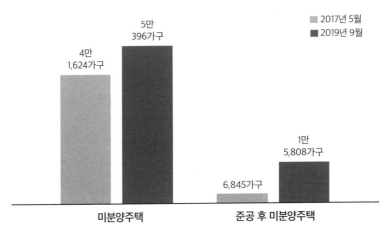

지방 미분양주택 현황

■ 2017년 5월
■ 2019년 9월

5만
396가구

4만
1,624가구

1만
5,808가구

6,845가구

미분양주택   준공 후 미분양주택

자료: 국토교통부

바가 크다. 정부의 규제로 서울 아파트를 제외한 부동산의 수요가
많이 줄었다. 투자자의 관심은 서울 아파트를 제외하고는 거의 없
어졌다. 수요보다 오히려 공급이 더 많이 감소해 상황만 다급해졌을
따름이다.

지방 미분양주택 현황을 보면 심각성을 알 수 있다. 2017년 5월
기준 지방 미분양주택은 총 4만 1,624가구였지만, 2019년 9월 기
준 5만 396가구로 9천여 가구 가까이 늘었다. 이러한 기조는 앞으
로도 이어질 가능성이 크다.

정책 담당자들은 부동산 시장이 실수요자 위주로 재편되기를 바
라겠지만, 어디 그것이 사람 마음대로 되겠는가. 투자 수요가 전혀
없는 자본주의 상품 시장은 존재하지 않고 존재할 수도 없다. 그 흔

한 스마트폰도 신제품이 출시될 때는 밤새 줄을 서느라 난리다. 그들은 투기자가 아니라 '얼리어답터(early adopter)'라는 명칭으로 다르게 불리지만 그 속성은 거의 같다. 이들을 아예 없애려고 하는 것은 바람직한 방법이 아니다.

이제부터라도 정부는 필히 현실을 깨닫고 현장을 잘 파악해 세심하게 정책을 추진해야 한다. 하지만 추가로 내놓을 정부의 정책 역시 규제책일 가능성이 크다. 매년 25만 쌍이 결혼하고 이들의 60% 내외가 아파트, 특히 새 아파트를 찾는 현실에서 거래 가능한 아파트를 자꾸 없애는 정부의 정책은 서울 집값 상승에 기름만 붓는 격이다. "규제가 심하면 집값이 더 오른다."라는 부동산 시장의 격언을 다시금 새겨보아야 할 때다.

서울 아파트 시장은 호재에 민감하고
악재에는 둔감한 특성을 보인다.
다주택자 양도소득세 중과에 대응하고
극복하기까지 다소 시간은 소요되었지만,
부동산 세제 개편은 잠깐의 걸림돌이었을 따름이다.

한강변 15층 아파트를 주목해야 하는 이유

2019년 9월 기준 수도권에서 아파트 매매가격이 가장 많이 상승한 지역은 구리시(1.95%)와 과천시(1.04%)다. 이들 지역의 아파트 시장이 강세를 보인 이유는 2017~2018년 강남 지역의 아파트 매매가격이 대폭 오른 덕분이다. 서울과 인접한 과천은 풍선효과(어떤 부분에서 문제를 해결하면 다른 부분에서 새로운 문제가 발생하는 현상)로 인해 서울과 벌어진 가격 차이를 메꾸고 있다. 입지상 서울이나 다름없는 과천은 재건축 사업과 공공택지(지식정보타운) 분양이 대기 중이다. 구리 역시 다양한 호재가 대기하고 있다.

분당 또한 무시할 수 없다. 2019년 7~9월까지 3개월간 분당의 아파트 매매가격은 무려 1%가 넘게 상승했다. 매매가격이 많이 오른 아파트 단지를 살펴보면 타 지역과는 다른 특징이 두드러지는데, 분당 아파트는 리모델링 추진 단지를 중심으로 상승했다. 한솔5단지 주공과 매화마을공무원2단지, 그리고 목련마을한신이 대표적이다.

최근 분당 지역의 아파트 가격은 풍선효과가 작용해 크게 상승했고, 리모델링 사업 또한 여기에 불을 지폈다. 그럼 리모델링이라는 이슈를 근거로 아파트에 투자한다면 분당이나 일산 등 1기 신도시를 노리는 것이 좋을까? 그것도 나쁘지 않지만 서울 아파트에 집중하는 것이 더 좋은 선택이 될 수 있다.

리모델링이 불러온
투자 트렌드 변화

리모델링 시장이 활성화된다면 서울 지역의 경우 어떤 아파트에 투자하는 것이 좋을까? 몇 가지 조건을 가지고 이를 검토할 수 있다. 먼저 한강변에 위치한 강북 소재 아파트가 좋은 투자처가 될 것이다. 재건축은 조합원들이 추첨을 통해 동과 층을 결정하는 방식이지만, 리모델링은 아파트의 위치 변동이 없다. 그래서 재건축은 조망권이 우수한 일부 단지의 조합원들이 반대할 가능성이 높다. 조망에 따라 아파트 가격 차이가 크기 때문이다. 그리고 한강 조망권만 놓고 보면 강남보다는 강북이 더 우수하다.

구분	주례동 송림 아파트	남천동 삼익비치타운
입주연도	1986년	1980년
세대수	85세대	3,060세대
동 수	2개 동	33개 동
층수	5층	12층
리모델링 대상 세대수	1개 동 50세대	1개 동 72세대
리모델링 대상 평수	18평	34평
리모델링 추진 과정	2005년 3월 리모델링 건축 행위 허가, 입주 완료	조합 설립 이후 리모델링 건축 행위 허가 반려

자료: 심형석(2007년), '부산권역 리모델링 사업 여건 분석'

　　지방의 경우를 살펴보자. 부산 주례동에 위치한 송림 아파트가 부산 지역에서는 최초로 주택 리모델링을 해 눈길을 끌었다. 또 다른 사례로는 부산 남천동에 삼익비치타운이라는 아파트가 있다. 1980년 1월에 입주한 아파트로 총 33개 동 3,060세대의 대단지다. 비치타운이라는 명칭에서 알 수 있듯이 바다를 조망할 수 있다. 물론 입주연도를 보면 재건축을 추진하는 단지다. 하지만 이 아파트도 과거에는 리모델링을 추진한 경험이 있다.

　　리모델링 사업의 경우 단지 내 1개 동만 조합 설립이 가능한데, 바다 조망이 가장 좋은 삼익비치타운의 모서리 자리인 301동이 리모델링 조합을 결성했다. 천혜의 조망권을 지키기 위한 선택이었다. 시공사로 경남기업을 선정하기까지 했으나, 2007년 허가 구청인 수

영구에서 리모델링 신청을 반려하며 사업이 무산되었다. 301동에 거주하는 조합원들의 경우에는 재건축보다 리모델링이 본인들의 자산가치를 더 높이는 데 도움이 될 것으로 판단했다.

서울에서 조망권이 사업에 영향을 미친 대표적인 단지는 옥수극동 아파트다. 2017년 9월 쌍용건설이 시공사로 선정되면서 본격적인 사업 절차를 밟고 있다. 1986년 준공된 옥수극동 아파트는 지하 1층, 지상 15층, 8개 동, 900가구로 이루어져 있다. 쌍용건설은 리모델링을 통해 지하 4개 층과 지상 3개 층 등 총 7개 층을 수직 증축해 지하 5층, 지상 18층, 총 1,035가구로 탈바꿈시킬 계획이다.

주차장도 426대 수용 가능했던 면적을 1,381대로 대폭 늘리고 다양한 편의시설을 갖출 예정이다. 늘어난 135가구는 일반 분양해 조합원 분담금을 20~30% 낮출 예정이라 한다. 옥수극동 아파트는 예정대로 리모델링된다면 219%였던 용적률을 무려 305%로 높일 수 있게 된다. 서울에 소재한 아파트가 300%를 넘는 용적률을 받는 것은 거의 불가능하기 때문에 재건축 대신 리모델링을 택하면서 사업성이 훨씬 높아진 사례다.

옥수극동 아파트 사례를 살펴보면 놓치지 말아야 할 중요한 요인이 몇 가지 있다. 일단 옥수동은 강북의 압구정동이라 불리는 주거선호 지역이다. 입지 여건이 좋아 준강남이라고 불린다. 2019년 9월 기준 성동구 3.3m²당 아파트 평균 매매가격을 보면 옥수동이 성동구에서 가장 높다는 것을 알 수 있다. 옥수동의 아파트 평균 매매가격은 갤러리아포레가 있는 성수동보다도 높고, 왕십리뉴타운

(단위: 만 원)

성동구	옥수동	성수동1가	금호동2가	금호동4가	상왕십리동	성수동2가
3,009	3,643	3,583	3,580	3,425	3,309	2,919

자료: KB국민은행

보다도 월등히 높다.

옥수동처럼 매매가격이 3.3m²당 대략 3천만 원은 훌쩍 넘어야 리모델링 사업을 원활히 추진할 수 있다. 즉 비용 측면에서 리모델링 공사비를 투입하고도 이를 상회하는 가격 상승이 보장되어야 한다. 매매가격이 낮으면 공사비 부담이 너무 커지게 되어 추가적인 가격 상승의 여지가 적어진다. 지방에 리모델링을 한 아파트 단지가 거의 없는 이유도 이 때문이다.

매매가격이 3.3m²당 1천만 원대의 아파트가 있다고 가정했을 때, 500만 원 이상의 공사비를 투입하고 이런저런 기타 비용까지 고려하면 최소 1천만 원 이상의 가격 상승이 뒷받침되어야 하는데 실현 가능성이 작다. 따라서 준강남 지역이나 평균 매매가격이 3천만 원 근처에 있는 아파트가 리모델링에 유리하다.

원래 리모델링 사업은 입주 후 15년이 경과되면 가능하지만 옥수극동 아파트와 같이 30년이 다 되어 리모델링을 추진하는 경우가 많다. 왜냐하면 30년이 지나 재건축이 가능해지면 재건축과 리모델링의 사업성을 비교해 수익성이 높은 사업을 선택하기 때문이다. 옥수극동 아파트와 함께 서울 리모델링 사업의 대표 주자인 대치2단지 또한 1992년에 입주한 아파트다.

또한 중층 아파트 중 15층 아파트가 가장 유리하다. 14층의 경우 2개 층만 높일 수 있지만 15층은 3개 층까지 가능하다. 대치2단지 또한 15층으로, 3개 층을 높일 수 있어 일반 분양분이 많아져 사업성이 좋아졌다.

앞에서 살펴본 이런 조건들을 바탕으로 리모델링이 가능하거나 추진 중인 단지에 투자한다면 충분한 시세차익을 볼 수 있을 것이다. 성공적인 부동산 투자를 위해 재건축에서 리모델링으로 변하고 있는 투자 트렌드에 주목할 때다.

강남 아파트가
정말 많이 올랐을까?

정부의 정책은 시장의 실패를 방지하거나 개선하기 위한 공공의 개입이다. 시장에 관한 개입은 조심스럽고 계획적일 필요가 있다. '보이지 않는 손'으로 자율 조정되는 시장이 정부의 정책으로 인해 망가질 수 있기 때문이다. 잘못된 정책은 이를 보완하기 위한 또 다른 후속 정책을 야기한다. 잘못된 정부의 개입으로 시장을 원활하게 조정하는 기능이 부작용을 일으키면 이를 재조정하기 위해 또 다른 정책이 필요해진다.

시장 경제에 맡긴 채 최소한의 개입으로 시장을 움직였다면 굳이 연달아 정책을 쏟아낼 필요도 없었을 것이다. 부동산 시장에서도 마찬가지다. 정부는 후속책을 계속 쏟아냈지만, 부작용은 꼬리에 꼬리를 물고 나타났다. 문재인 정부가 집권 후 쏟아낸 규제책만 10여 회가 넘는다. 하지만 서울 집값은 1986년 집값 통계 작성을 시작한 이래 처음으로 6년 연속 상승을 기록했다. 2000~2004년 5년 연속으로 상승한 적은 있었지만 6년 연속은 이번이 처음이다. 다음은 〈시장경제〉의 2019년 12월 11일 관련 기사다.

> 정부 부동산 가격 통계기관인 한국감정원이 최근 발표한 '2019년 11월 전국주택가격동향조사'에 따르면, 서울의 11일 주택 매매가격은 주택 종합(아파트+연립주택+단독주택) 기준 전월(10월 15일) 대비 0.5% 올랐다. 지난해 10월(0.51%) 이후 가장 많이 올랐다. 서울 집값은 올해 상반기(1~6월) 중에만 0.93% 하락하며, 전년 집값 급등 이후 안정세를 되찾는 듯했다. 하지만 하반기 들어 상황이 반선되어 지난 5개월(7~11월) 동안 1.32% 올랐다. 서울 집값은 지난 2014년 1.13% 오르며, 전년(-1.41%) 대비 상승 전환한 이후 올해까지 6년 연속 상승세가 이어지고 있다.

정부는 강도 높은 부동산 대책을 통해 다주택자와 함께 고가 주택을 주요 표적으로 설정했다. 고가 주택이 대부분 강남권역에 몰려 있으니 지역적으로는 강남의 아파트가 표적인 것이다. 그런데 정부가 우려하는 대로 그동안 강남 아파트가 정말 많이 올랐을까?

강남보다 더 오른
지역은 많다

한국감정원의 통계에 의하면 강남4구(서초구·강남구·송파구·강동구)
는 권역별로 강남 지역의 동남권으로 분류된다. 동남권의 통계가 집
계되기 시작한 2012년 1월부터 2019년 9월까지의 아파트 매매가
격 상승률은 19.04%다. 가장 많이 오른 강남구도 20.03% 상승에
그친다.

강남 동남권의 상승률은 봉선동이 속한 광주 남구의 22.31%, 광
주 서구의 23.96%보다 낮다. 대구의 상승률은 이보다 훨씬 더 높다.
대구의 강남이라 불리는 수성구는 같은 기간 49.83% 상승했다. 대구
남구 또한 46.52% 상승해 강남구의 2배가 넘는 상승률을 보였다.

광역시를 제외한 8개 도를 살펴봐도 강남구의 아파트 매매가격
상승률을 넘어서는 곳을 심심찮게 발견할 수 있다. 제주의 서귀포시
(33.45%), 전북의 남원시(26.20%), 강원의 강릉시(21.57%) 등이 여기
에 포함된다. 같은 기간 아파트 매매가격 상승률이 가장 많이 오른

2012년 1월~2019년 9월 아파트 매매가격 상승률 상위 10개 지역

(단위: %)

지역	대구 수성구	대구 남구	대구 북구	경기 광명시	대구 동구	서귀포시	대구 달서구	대구 중구	대구 서구	제주시
상승률	49.83	46.52	36.25	35.65	34.49	33.45	32.53	32.44	31.52	26.59

자료: 한국감정원

지역 10개를 추려보면 강남권역은 단 1곳도 포함되어 있지 않다. 강남보다 더 오른 지역이 많다는 것이다.

강남권역은 오히려
최근 더 올랐다

2012년 1월부터 2019년 9월까지 8년 동안의 가격 상승률을 살펴보면 강남권역이 크게 오르지 않은 것처럼 보인다. 실제로 문재인 정부가 집권한 시기인 2017년 5월부터 2019년 9월에는 오히려 성남 분당구(17.10%), 서울 송파구(16.88%), 경기 과천시(16.42%), 경기 성남시(14.59%)의 가격 상승률이 가장 높게 나타났다. 아이러니하게 규제에도 불구하고 상승률 상위 10개 지역 대부분이 서울 또는 서울 인접 지역이었던 것이다.

이렇게 많이 오른 이유는 어쩌면 그동안 많이 오르지 않은 반작용일 수도 있다. 7년 동안 강남권역의 아파트 매매가격이 20% 정

2017년 5월~2019년 9월 아파트 매매가격 상승률 상위 10개 지역

(단위: %)

지역	성남 분당구	서울 송파구	경기 과천시	서울 중구	서울 마포구	서울 영등포구	대구 수성구	서울 강동구	서울 동작구	서울 강남구
상승률	17.10	16.88	16.42	13.31	13.30	12.66	12.56	12.52	12.30	12.23

자료: 한국감정원

도 올랐는데, 지난 1년 3개월 동안 10% 초반대의 상승률을 보였다면 6년 가까이 10%도 오르지 않았다는 뜻이다. 7년의 기간 동안 강남권역 아파트 매매가격 평균 상승률은 규제를 쏟아내 집중 공격할 만큼 높지 않았다.

아파트 가격이 많이 오른 서울, 특히 강남에 부동산 규제를 집중해 시행하겠다는 문재인 정부의 의도는 일견 합리적으로 해석되지만, 실상 헛다리를 짚는 것은 아닌지 우려된다. 부동산 시장을 정확히 이해하지 못한 상태에서 무작정 특정 지역을 규제한다면 반드시 부작용이 발생할 수밖에 없다.

장기 평균 상승률보다
좀 더 오른 강남

KB국민은행의 자료에 의하면 1986년 2월부터 2018년 8월까지 강북을 제외한 강남의 연간 아파트 매매가격 상승률은 5.92%에 불과

1986년 2월~2018년 8월 아파트 매매가격 상승률

(단위: %)

구분	전국	서울	강북	강남	6대 광역시
월평균 상승률	0.301	0.331	0.280	0.493	0.314
연간 평균 상승률	3.61	3.97	3.36	5.92	3.77

자료: KB국민은행

했다. 강남구는 오히려 낮아서 5.0%에 그쳤고, 서초구(4.9%)와 송파구(4.7%)는 5%를 넘지 않았다. 8·2 대책을 발표하기 전 7개월 동안의 가격 상승률을 살펴보면 강남 지역의 동남권은 3.04% 상승했을 뿐이다. 연간 상승률로 따지면 5.21%에 불과했다. 당시 강남권의 아파트 매매가격 상승률은 고작 장기 평균 상승률인 5%대보다 좀 더 높았다.

큰 문제없이 흘러가는 부동산 시장에 정부가 개입해서 오히려 가격을 과도하게 올려놓은 것은 아닐까? 정부의 개입이 없었다면 강남권의 가격 상승률은 30년 장기 평균, 즉 5%대에 근접했을 수도 있다. KB국민은행에 따르면 2017년 8·2 대책 이후 2019년 10월까지 가장 많이 오른 지역은 분당으로 24.36% 상승했다. 분당이 많이 오른 이유는 강남3구로 규제가 집중된 사이, 분당 부동산 시장이 강남의 대체제로 각광받았기 때문이다. 규제로 인해 오히려 시장의 혼란만 더 가중된 셈이다. 이러한 부작용을 보면 정부가 부동산 시장에 되도록 개입하지 않는 것이 오히려 바람직해 보인다.

30년 장기 평균만큼 상승한 안정적인 시장에 굳이 개입할 정당한 이유 또한 없었다. 괜한 정책으로 인해 결과적으로 지방 부동산 시장은 끝도 없이 하락했고, 서울 강남권은 평균 이상의 상승률을 기록했다. 집값이 폭등한다고 난리를 치는 지금도 강남구의 아파트 매매가격 상승률은 30년 평균의 2배에 지나지 않는다. 만일 안정적으로 공급을 늘려 수급의 불균형을 해소했다면 지금과 상황은 달라졌을 것이다. 정부는 서울의 아파트 가격이 오르는 것을 잡기 위해

섣부르게 시도하기보다는 지방 아파트 가격이 하락하는 것을 방지하는 데 집중해야 한다.

실패학에서는 즐거움보다는 고통의 아픔이 더 크다고 한다. 실제로 이를 계량적으로 분석한 연구에 의하면 일정 분량의 손실은 동일 분량의 이익이 주는 즐거움보다 2배 이상 고통스럽다. 지방 부동산 시장의 고통을 정부가 하루 빨리 알아차리면 좋겠다.

📍

서울 아파트의 매매가격 상승률이 심상치 않다. 한국감정원에 의하면
2019년 9월 기준으로 서울 강남구의 평균 매매가격은 16억 원에 육박했
다. 소득을 한 푼도 쓰지 않고 십수 년간 모아야 겨우 살 수 있는 액수인데,
이렇게 비싼 아파트를 도대체 누가 사는 걸까? 아파트 10억 시대의 원인을
알아보자.

2장

이제는 대세가 된
아파트 10억 시대

10억 원이 넘는 아파트를 누가 사는 걸까?

서울 아파트의 매매가격 상승률이 심상치 않다. 한국감정원에 의하면 2019년 9월 기준으로 서울 강남구의 평균 매매가격은 16억 원에 육박했다. 1년 전과 비교하면 평균 매매가격이 또 1억 원이 올랐다. '아파트 10억 시대'가 도래한 것이다. KB국민은행의 자료도 결과는 동일하다. 서울 강남 11개 구와 지방 5대 광역시의 아파트 평균 매매가격 격차는 2016년 7월 2.71배에서 2019년 8월 기준으로 3.65배까지 늘어났다. 무시무시한 속도로 양극화가 심화된 것이다. 8·2 대책 이후 서울 아파트 가격만 오르는 상황이 고착화되는 모양새다.

지역 간 평균 매매가격 비교

구분	강남 11개 구	5대 광역시	격차
2016년 7월	6억 8,160만 원	2억 5,148만 원	2.71
2019년 8월	10억 1,111만 원	2억 7,669만 원	3.65

자료: KB국민은행

소득을 한 푼도 쓰지 않고 십수 년간 모아야 겨우 살 수 있는 액수인데, 도대체 누가 이렇게 비싼 아파트를 사는 걸까? 아파트 가격이 오르기 위해서는 파는 사람도 있어야 하지만 사는 사람도 존재해야 한다. 매도자가 원하는 가격을 매수자가 어느 정도 맞춰줘야 거래할 수 있기에, 매도자와 매수자가 원하는 가격 수준이 벌어지면 벌어질수록 거래는 잘 형성되지 않는다. 그럼 도대체 어떤 매수자이기에 10억 원이 넘는 아파트를 사는 걸까?

투기자는 없고
실수요자는 있다

국내 경기는 최악의 수준이다. 국민소득이 줄어들고 있는 상황에서 상위 20%의 소득만 계속 증가하는 중이다. 보건사회연구원의 자료에 의하면 2019년 2분기 소득 상위 20% 가계의 월평균 소득은 전년 같은 기간 대비 3.2% 늘었다. 소득 하위 20% 가계의 소득은 오

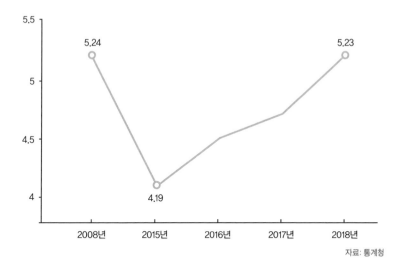

매년 2분기 기준 소득 5분위 배율 추이

5.5

5.24

5.23

5

4.5

4

4.19

2008년   2015년   2016년   2017년   2018년

자료: 통계청

르지 않았다. 국내 경기가 침체되고 있지만, 소득 양극화로 인해 고
소득층은 오히려 소득이 증가하고 있는 상황이다. 매년 2분기 기준
소득 5분위 배율 추이를 보면 소득 상위 20%와 하위 20%의 양극
화 격차가 2008년 글로벌 금융위기 이후 10년 만에 가장 커졌다는
것을 알 수 있다. 소득 5분위 배율은 '상위 20% 계층의 소득/하위
20% 계층의 소득'으로 산출하는데, 수치가 커질수록 소득 양극화가
심각하다는 뜻이다.

　서울의 아파트를 매입할 수 있는 계층은 소득 상위 20%의 가계
일 것이다. 그들의 소득 수준은 큰 문제가 없는 듯하다. 하지만 '아파
트 10억 시대'를 주도하고 있는 세력은 신규 수요자들이다. '신규 수
요'는 생애 처음으로 아파트를 매입하는 수요를 뜻하는데, 가장 흔

하게는 결혼을 통한 내집마련을 예로 들 수 있다. 2018년 기준 약 25만 8천 쌍이 결혼했는데 이들이 신규 수요의 대표적인 사례다.

부동산 수요는 다양하다. 신규 수요도 있지만 '대체 수요'도 있다. 대체 수요는 이미 집을 가지고 있는 유주택자들의 수요다. 기존의 집을 팔고 다른 곳으로 옮기려는 수요를 뜻하는데, 대개 직장, 합가(분가), 취향 등 다양한 원인으로 발생한다. 대체 수요는 신규 수요와 달리 처음부터 소득을 모아 집을 구입하지 않는다. 기존의 집을 팔고 이 자금을 기반으로 다른 집을 구입한다. 즉 자산을 가지고 움직이는 수요다. 따라서 기존 집과 신규로 옮기는 집과의 가격 차이 정도만 부담하면 된다.

2018년 주거실태조사에 의하면 수도권의 자가 보유율은 49.9%로, 2016년 48.9%에 비해 소폭 상승했다. 집값이 오르니 집을 사는 사람들이 늘어난 것이다. 지역과 상품에 따라 차이는 있겠지만 서울에서 집을 보유한 이들은 큰 어려움 없이 다시 서울 내 다른 집을 구매하고 있다. 서울에서 같은 자치구 내에서 이동한 인구, 즉 같은 자치구에서 '갈아타기'를 한 인구는 2018년 기준 약 43만 명에 달한다. 이는 신규 수요와 비교가 되지 않을 정도로 많다. 이들을 규제의 대상인 투기자라고 보기는 어렵다.

이들 중 상당수는 1주택자들이다. 대부분 기존의 낡은 아파트를 팔고 새 아파트로 이동한 사람들로, 기존 아파트를 판 돈에 투자금을 보태 새 아파트를 구매한 것이다. 1주택자들이니 양도소득세 부담도 거의 없다. 최근 부부 공동명의가 증가하고 있는 이유도 아파

서울 연도별 이동자 수

(단위: 명)

구분	시군구 내 이동	시군구 간 이동
2015년	52만 4,267	60만 5,262
2016년	48만 7,722	57만 4,193
2017년	45만 4,536	56만 4,271
2018년	43만 780	54만 8,796

자료: 통계청

트 가격이 가파르게 올라 단독 명의자의 세금 부담이 늘었기 때문이다.

투자 전략 차원에서 대체 수요는 큰 의미가 있다. 만약 가격이 오른다고 하더라도 기존에 집을 가지고 있는 사람들은 큰 문제가 없다. 지역과 상품에 따라 차이는 있겠지만 보통 기존의 집 또한 함께 가격이 오르기 때문이다. 무조건 무주택자에서 벗어나 내집마련을 해야 하는 이유다.

부동산을 전문적으로 거래하지 않는 실수요자들이라면 가격의 흐름에 민감하지 않을 테지만, 일단 1채라도 자기 집을 가지고 있으면 시세 흐름에 동참할 수 있다. 따라서 장기간 상승과 규제로 주택 소유의 진입장벽이 높아졌다 하더라도 되도록 빨리 무주택자에서 벗어나는 것이 좋다.

정부는 작금의 서울 아파트 시장이 투기자들에 의해 혼란스러워지고 급등했다고 생각하지만, 현실을 보면 그렇지 않다. 가격이 오를 것 같으니 투기자들이 들어왔다고 생각하는 게 더 현실적인 분석이다. 투기자들이 부동산 시장에 들어와 집값을 올려놓았다는 게 정부의 생각이지만, 지금의 서울 부동산 시장은 투기자들이 활동하기 좋지 않은 환경이다.

대표적인 투기 수단은 전셋값과 매매가격의 차이를 활용하는 '갭투자'인데, 현재 서울 아파트의 갭은 무려 5억~10억 원에 달한다. 갭투자자들에게는 그리 매력적인 상황이 아닌 것이다. 최대한 적은 금액을 투자해서 확실한 시세차익을 얻는 것이 갭투자의 목표인데, 5억~10억 원씩 큰돈을 투입한다고 해서 추가로 얼마를 벌 수 있겠는가? 지금 서울 아파트 시장을 움직이는 이들은 대부분 실수요자들이다.

서울 아파트 시장, 상승장의 고삐가 풀린다

KB국민은행 자료에 의하면 서울 아파트 평균 매매가격은 2019년 8월 기준으로 8억 3천만 원이 넘는다. 평균의 함정을 고려하면 이미 10억 원이 넘는 서울 아파트가 적지 않다는 것을 알 수 있다. 물론 국민주택 규모인 전용면적 85m² 기준이다. 실제로 강남의 아파트는 10억 원 이하를 찾아보기 어렵고, 강북의 아파트도 10억 원 이상의 매물이 특별하지 않다. 그동안 아파트 매매가격의 심리적 저지선은 10억 원이었는데, 이 저지선이 무너지자 고삐가 풀린 듯 순식간에 몇억 원씩 추가로 올라버렸다.

심리적 저지선이
무너지다

투자는 수요와 공급의 지루한 심리 게임이다. 왜 아파트 가격이 상승하느냐고 묻는다면 가장 단순한 대답은 "많은 사람들이 오른다고 생각하기 때문에 오릅니다."가 아닐까 싶다. 시장에 직간접적으로 개입하거나 개입하려는 사람들의 심리 상태가 중요하다는 말이다. 수요와 공급의 논리도 맞지 않을 때가 많고, 경기 변화 등의 인과관계가 항상 합리적인 것도 아니다. 심리가 가장 중요하기 때문에 투자금액의 규모에도 심리적 저지선이 큰 역할을 한다. 상승장의 고삐가 풀리는 시기는 보통 이 심리적 저지선이 무너졌을 때다.

홈쇼핑에 나온 상품을 보면 대부분 가격의 끝자리가 홀수로 끝나 소비자로 하여금 저렴하다는 인식을 하게 해준다. 1천 원이 아닌 999원으로 가격을 책정해 구매욕을 불러일으키는데, 이를 단수가격 전략(odd pricing)이라고 한다. '1원 차이가 무슨 그리 큰 효과가 있겠어?'라고 생각한다면 사람의 심리를 간과한 것이다. 대다수 구매자는 무의식적으로 999원이 100원대이니 저렴하다고 생각해 구매를 결심한다. 단돈 1원으로 1천 원에 대한 심리적 저지선을 피한 셈이다.

그동안 서울 아파트 가격의 심리적 저지선은 10억 원이었다. 강북 아파트까지 10억 원을 넘어선 것은 불과 몇 개월 전 일이다. 9억 9,999만 원까지는 여전히 1억 원대인데 10억 원으로 올라선 순간

(단위: 만 원)

구분	2017년 10월	2017년 11월	2017년 12월	2018년 1월	2018년 2월	2018년 3월	2018년 5월	2019년 5월	2019년 8월
1단지	10억 2,500 (15층)	-	10억 3,500 (19층)	10억 8천 (11층)	11억 7천 (13층)	12억 9천 (12층)	-	13억 6천 (15층)	14억 8,500 (17층)
2단지	-	10억 4천 (19층)	10억 3,500 (8층)	11억 3천 (10층)	12억 5천 (11층)	-	12억 8천 (7층)	-	16억 5천 (2층)

* 같은 달에 2건 이상 거래된 경우 가장 높은 가격, 가장 높은 층 선택
자료: 국토교통부

자릿수가 달라진 것이다.

심리적 저지선인 10억 원이 무너지자 강북 아파트 가격은 급격히 오르기 시작했다. 대표적인 사례가 강북의 대장 아파트 마포래미안푸르지오다. 전용면적 84m²가 처음으로 10억 원을 넘어선 시기는 1단지는 2017년 10월, 2단지는 2017년 11월이었다. 그 이후 추이를 보면 무서울 정도로 가파른 상승세를 보인다. 2019년 8월에는 2단지의 전용면적 84m²가 16억 5천만 원으로 가장 높은 가격을 기록했다.

네이버 부동산에 의하면 2019년 10월 기준으로 마포래미안푸르지오 전용면적 84m²는 16억 원을 호가한다. 실거래가를 기준으로 해도 심리적 저지선 10억 원이 뚫리자 13억 원까지 오르는 데 불과 5개월이 걸렸다. 무서운 상승세가 아닐 수 없다. 이렇게 가격이 오른 데는 여러 요인이 있겠지만 심리적인 요인도 상당한 역할을 했음을

짐작할 수 있다.

이 아파트가 처음 8억 원을 넘어선 것은 1단지는 2015년 12월, 2단지는 2015년 7월이었다. 그때부터 아파트 가격은 본격적인 상승 국면에 접어들었으나, 10억 원을 넘기기까지 2단지를 기준으로 무려 2년 4개월이나 걸렸다. 심리적 저지선에 걸려 진입장벽을 극복하기가 만만치 않았다는 뜻이다. 여기서 진입장벽은 유형의 장애물로 아파트 시장에서의 투자자금을 가리킨다. 그러나 무형의 장벽, 즉 심리적인 장벽 또한 무시할 수 없는 변수다. 부족한 자금 때문에 마주하게 된 진입장벽도 대부분 심리적인 장벽(매매가격)을 넘어서는 것이 계기가 되어 허물어지고 만다.

평당 1억 원의
시대가 열릴까?

아파트 시장에서 국민주택 규모인 전용면적 84m²의 심리적 저지선이자 진입장벽인 10억 원이 뚫렸다면, 그보다 작은 규모의 전용면적 59m²의 매매가격 또한 그 뒤를 이어 상승할 가능성이 크다. 실제로 2018년 8월 들어 마포래미안푸르지오의 전용면적 59m²의 가격 또한 10억 원을 넘어섰다. 전용면적 59m²는 전용면적 84m²에 비해 희소하면서 수요가 더 높아 경쟁력이 크다.

투자 시장, 특히 부동산 투자 시장에서는 심리적 저지선 역할을 하는 특정 가격대가 무너지면 다음 규모의 아파트에도 순차적으로 그 여파가 미칠 수 있다. 따라서 심리적 저지선인 10억 원에 근접한 가격대의 아파트를 구입하는 것이 좋은 선택이 될 수 있다. 도심과 가깝고 상대적으로 시세가 낮은 강북의 일부 아파트들은 전용면적 84m² 기준으로 9억 원 이상을 호가하고 있다. 10억 원의 심리적 저지선을 언제 넘어설지 알 수 없지만, 만약 넘어선다면 그 이상으로 가격이 급하게 오를 가능성이 작지 않다.

또 다른 변수는 정부의 12·16 대책인데, 실거래가 9억 원 이하의 아파트에 대한 규제가 없어 9억 원 이하 아파트로 시선이 쏠릴 가능성이 높다. 12·16 대책이 발표된 이후 매수자와 매도자 모두 지켜보자는 분위기가 형성되었지만, 대출 규제가 덜한 9억 원 이하 아파트의 매수로 투자 수요가 이동하는 풍선효과 가능성은 여전히 시장에 남아 있다. 즉 투자자들은 9억 원 이하의 아파트를 집중적으로 매입해 9억 원 가까이 올려놓을 것이다. 정부의 규제가 또 다른 심리적 저지선을 만든 것이다.

9억 원 이하 아파트는 이번 대책으로 가장 주목받는 상품이 되었다. LTV 규제도 그대로 유지되면서 무주택자 실수요 요건 기준 주택도 9억 원이고, 전세대출 규제 기준도 9억 원이기 때문이다. 이 가격대의 아파트는 고가 주택의 어려움 속에서도 상대적으로 선전할 것으로 예상된다. 어쩌면 양극화되었던 강남과 강북의 아파트 가격차가 좁혀지는 계기가 될 수도 있다.

현재 아파트 시장에 강력하게 작용하는 또 다른 심리적 저지선

중 하나는 3.3m²당 매매가격 1억 원이다. 2019년 10월 실거래가를 기준으로 반포동 아크로리버파크 전용면적 84m²가 34억 원에 거래되어 3.3m²당 1억 원을 돌파했다. 향후 아파트 시장의 매매가격이 어느 정도의 규모로 오를지는 아무도 알 수 없다. 하지만 만약 오른다면 상승폭을 결정하는 것은 3.3m²당 1억 원 돌파 여부일 것이다. 3.3m²당 1억 원을 돌파한다면 그 이상까지도 아파트 매매가격이 빠르게 상승할 수 있다. 드디어 한국에도 아파트 평당 가격 1억 원의 시대가 열리는 것이다.

투자는 수요와 공급의 지루한 심리 게임이다.
심리가 가장 중요하기 때문에 투자금액의 규모에도
심리적 저지선이 큰 역할을 한다.
상승장의 고삐가 풀리는 시기는
보통 이 심리적 저지선이 무너졌을 때다.

새 아파트가
매력적인 이유

정부의 규제로 인해 거래 가능한 아파트가 급격히 줄어들고 있다. 실수요자나 투자자 모두 새 아파트에는 관심이 많지만 입주연도가 오래된 아파트에는 거의 관심이 없다. 특히 에코붐 세대의 경우 새 아파트에 대한 욕구가 훨씬 더 강한데, 이러한 경향은 통계로도 명확하게 나타난다.

한국감정원의 2018년 1월~2019년 9월 아파트 매매가격 상승률을 보면 새 아파트의 매매가격 상승률이 확연히 높게 나타났다. 수도권을 예로 들면 5년 이하 아파트의 매매가격 상승률은 3.66%인 데 반해 20년 이상 노후 아파트는 1.33%에 그쳤다. 재개발·재건

(단위: %)

지역	5년 이하	5년 초과~ 10년 이하	10년 초과~ 15년 이하	15년 초과~ 20년 이하	20년 이상
전국	-0.07	-0.21	-1.94	-3.33	-3.10
수도권	3.66	2.02	1.42	0.45	1.33
지방권	-2.75	-2.64	-5.72	-7.05	-6.71

자료: 한국감정원

축 사업에 대한 규제가 강화되면서 이런 현상은 더욱 확연해지는 듯하다. 지방 아파트는 약세를 보였는데, 오래된 아파트일수록 하락폭이 컸지만 5년 이하 아파트의 상승률은 -2.75%에 불과했다.

새집증후군 등으로 오래된 아파트가 잠깐 인기 있었던 적도 있지만, 지금은 새 아파트가 대세다. 새 아파트 선호 현상의 원인은 여러 요인을 거론할 수 있시만 궁극적으로 아파트 상품이 가지는 한계의 영향이 크다. 아파트는 단독주택과 다르게 노후가 빨리 진행되고 부분 보수를 통해 사용하기에는 한계가 있기 때문이다.

매력 없는 새집은
외면받는다

새집이라고 해서 모든 집이 부족한 공급을 채워줄 수 있는 것은 아니다. 소비자들은 깐깐하게 집을 선택한다. 단순히 새것이라고 해서

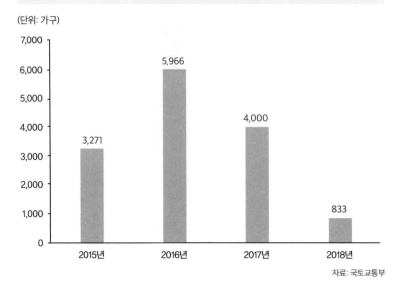

용인 지역 미분양 아파트 추이

(단위: 가구)

- 2015년: 3,271
- 2016년: 5,966
- 2017년: 4,000
- 2018년: 833

자료: 국토교통부

선호하는 게 아니라 입지와 같은 투자가치를 꼼꼼히 따진다. 매력이 떨어지는 새집은 설사 위치가 수도권이라고 해도 외면받는다. 서울 접근성, 학군, 건설사 브랜드 등 다방면에서 매력도를 따져 합리적인 판단을 내리기 때문에 단순히 새 아파트를 공급한다고 해서 수요가 해결되는 것은 아니다.

용인 지역 아파트가 미분양 적체로 몸살을 앓았던 이유도 여기에 있다. 소형을 찾는 수요가 급증하는 상황에서 건설사들이 발 빠르게 대응하지 못해 용인 일대에 대형 아파트가 많이 공급되었고, 이것이 추후 악재로 작용해 용인 지역 아파트의 매력을 낮춘 요인 중 하나가 되었다.

다른 요인으로 인해 매력이 상승하지 않는다면 새 아파트를 원하는 실수요자나 투자자의 마음을 돌릴 수 없었을 것이다. 하지만 다행히 용인은 최근 초대형 반도체 산업단지 이슈로 집값이 뛸 것이라는 기대가 커지고, 중대형 아파트에 대한 관심이 다시 높아지면서 2016년 약 6천 가구에 달했던 미분양물량이 대부분 해소되었다. 인프라 확충과 인구 유입으로 다시 관심을 받기 시작한 것이다.

서울 아파트 가격을 안정화하기 위해서는 기존의 거래 가능한 아파트를 규제하는 정책 기조를 바꾸고, 동시에 깐깐한 실수요자와 투자자의 마음을 사로잡을 양질의 조건을 갖춘 새 아파트를 공급해야 할 것이다.

왜 대장 아파트에 주목해야 할까?

대장 아파트란 지역의 이미지를 대표하는 고가 아파트를 의미한다. 랜드마크나 블루칩이라는 단어도 언급하지만, 현장에서는 '대장'이라는 친근한 단어를 더 많이 사용한다. 강남의 타워팰리스가 대장 아파트의 시초가 아닌가 싶다. 대장 아파트는 '대단지' '첨단' '고가' '최초' 등의 이미지를 내포한다. 대부분 그 지역에서 최초로 공급된 새 아파트를 이르는 말이기 때문이다.

주식 시장의 블루칩 종목처럼 부동산 시장의 대장 아파트는 지역을 대표하면서 외부 환경의 변화에 큰 영향을 받지 않고 내재가치만으로도 가격을 끌어올린다. 부동산 시장이 호황일 때는 다른 아파트보다 빨리 많이 오르고, 부동산 시장이 불황기에 접어들어도 늦게 떨어지거나 하락폭이 작다. 최근 "타이밍보다는 상품"이라는 말까지 나오는 걸 고려하면 대장 아파트에 대한 기대가 더욱 커졌다는 것을 알 수 있다.

대장 아파트와
광역 대장 아파트

우리나라를 하나의 지역이라고 가정하면 대장 아파트는 강남권역에 있는 아파트들일 것이다. KB국민은행에서 발표하는 '선도아파트50지수'를 통해 우리나라 대장 아파트들의 움직임을 평균적으로 알 수 있다. 2019년 6월을 기준으로 98.0을 기록 중이다. 전고점이 67.9(2010년 2월)였으니 상당히 많이 올랐고 여전히 강세임을 알 수 있다.

대장 아파트는 대부분 그 지역에서 처음 분양한 아파트다. 예전

KB선도아파트50지수

구분	2014년 6월	2015년 6월	2016년 6월	2017년 6월	2018년 6월	2019년 6월
지수	57.5	61.3	65.5	74.6	93.4	98.0
전년 동월비	0.14	1.10	1.44	2.61	0.00	0.80

자료: KB국민은행

1기 신도시에서는 '시범단지' '첫마을' 등으로 이름 붙였었다. 분당의 서현역 초역세권인 삼성한신 아파트가 대표적이며, 신길뉴타운의 래미안에스티움, 영등포뉴타운의 아크로타워스퀘어 등이 있다. 처음 분양하는 아파트는 주택 수요자들에게는 장점이 많다. 그 지역 개발 사업이 잘될지 안될지는 처음 분양하는 아파트가 좌우한다. 여러분이 그 지역을 광역적으로 개발하는 사업자라고 한다면 가장 좋은 위치에 가장 저렴한 가격으로 첫 아파트를 공급할 것이다. 따라서 초두효과(primary effect)를 누릴 수 있다. 초두효과란 먼저 제시된 정보가 추후 알게 된 정보보다 더 강력한 영향을 미치는 현상을 말한다.

신길뉴타운의 래미안에스티움은 가장 좋은 위치에 가장 좋은 가격으로 공급되었다. 이후에 신길아이파크·보라매SK뷰·신길센트럴자이 등의 아파트들이 지속적으로 분양되었다. 분양가 또한 시간 간격을 두고 오르면서 주변 아파트의 시세까지 끌어올렸다.

영등포뉴타운의 아크로타워스퀘어 또한 대장 아파트다. 하지만 아크로타워스퀘어는 영등포뉴타운만이 아니라 조금 더 넓은 범위에 영향을 미치는 광역 대장 아파트라 할 수 있다. 왜냐하면 영등포뉴타운은 서울의 3대 도심 중 하나인 여의도에서 가장 가까운 배후주거지이기 때문이다. 이 아파트의 가격 움직임에 영등포구 전체가 영향을 받을 것이다. 이런 광역 대장 아파트는 그 의미가 더 크다. 아크로타워스퀘어가 속해 있는 영등포뉴타운의 경우 풍선효과까지 기대할 수 있다.

구분	신길뉴타운(신길동)	영등포뉴타운(영등포동7가)
연간 상승률	30.8%	46.1%
평당 매매가격 변화 (2018년 6월 기준)	1,673만 원 → 2,141만 원	1,604만 원 → 2,318만 원
대장 아파트	래미안에스티움	아크로타워스퀘어

신길뉴타운 vs. 영등포뉴타운

자료: 직방

아크로타워스퀘어 전용면적 84m²의 매매가격은 2019년 12월 기준 15억 원에 이른다. 서민들에게는 버거운 금액이다. 대신 소액으로 투자할 수 있는 대안 상품을 찾는 수요가 늘어나므로, 신길뉴타운과는 다르게 아크로타워스퀘어 주변의 연립주택이나 오피스텔의 가격까지 끌어올릴 수 있다. 광역 대장 아파트이기 때문에 가능한 일이다. 여타 내장 아파트는 주변 아파트만을 끌어올리지만, 광역 대장 아파트는 다른 종류의 상품에까지 영향을 미친다.

대장 아파트를 분양받거나 구입하는 것이 가장 좋고 안전한 투자다. 하지만 청약에서 떨어졌거나 자금력이 부족하다면 어떻게 해야 할까? 동반 상승 효과를 노려 주변 아파트를 사는 것도 한 방법이다. 신길뉴타운의 래미안에스티움이 분양되고 2017년 4월 입주할 때까지 길 건너 한화꿈에그린의 가격 또한 유사한 상승을 보였다. 대장 아파트를 사지 못한다고 실망할 것이 아니라 주변의 다른 아파트를 찾아보는 것도 하나의 대안이 될 수 있다.

단 2010년 이후에 입주한 비교적 새 아파트여야지만 이런 동반 상승 효과를 누릴 수 있다. 최근 새 아파트에 대한 기대가 크기 때문에 너무 오래된 아파트는 대장 아파트의 동반 상승 효과를 누리지 못할 수 있다. 또한 새 아파트는 전세가율도 높아 투자금이 적게 들어간다. 꼭 대장 아파트를 구입하지 않더라도 그 지역의 대장 아파트가 어떻게 움직이는지 유심히 보아야 한다.

주거선호 지역이 잘 바뀌지 않는 이유

주거선호 지역은 잘 바뀌지 않는다. 강남 아파트의 인기는 이미 수십 년 전부터 이어져왔다. 물론 반포동·개포동·압구정동 등 강남 내에서도 시황의 미세한 변화는 있었지만 궁극적으로 강남 전체 지역의 인기는 식지 않았다. 강남 외의 다른 지역이 주체가 되어 주목받기보다는 오히려 강남이 가진 경쟁력이 주변 지역으로 파급되는 모양새다. 강남3구로 송파구를 포함한 것이 엊그제 같은데 이미 강남은 강남4구로 불리고 있다. 이제 강동구마저 강남권역으로 흡수되는 중이다.

수요의 확장성에
주목하라

주거선호 지역은 수요의 확장성이 뛰어나다. 수요가 정체되어 있지 않고 끊임없이 확대 재생산된다. 공급은 한정될 수밖에 없는데 수요가 계속 늘어나니 자연스레 가격은 오르고, 그 넘치는 수요를 한정된 주거선호 지역이 다 수용할 수 없어 주변 지역으로까지 퍼져나간다. 이를 도시연담화(conurbation)라고 한다.

'군'이라는 행정 구역이 있는 광역시가 많다. 부산은 기장군, 울산은 울주군, 대구는 달성군이 있다. 이런 군 지역은 과거에는 광역시에 포함되지 않았던 지역이 대부분이다. 중심도시가 팽창하고 시가화가 확대되면서 주변 중소도시가 달라붙는 과정에서 생긴 것으로, 한마디로 수요가 확대 재생산되면서 생긴 결과물이다.

수요의 확장성이 뛰어난 주거선호 지역은 실수요자와 투자자 모두에게 매력적이다. 주거선호 지역은 보통 생활 인프라가 뛰어나 수요층이 탄탄하고 투자 대상으로서도 나쁘지 않다. 새로운 개발 이슈가 있는 지역에 비해 수익률은 높지 않지만 그래도 안정적으로 우상향하기 때문이다. 실제로 지난 10년간 강남 지역의 매매가격 상승률은 그렇게 높지 않았지만 여타 지역에 비해서는 변동성이 낮았다. 자산가들이 좋아할 만한 속성을 가졌다는 뜻이다.

꾸준한 수익을 벌어주는 안정적인 상품은 그리 흔하지 않다. 지방의 중소도시는 개발 이슈가 발생하면 급격히 가격이 상승할 수 있지만 그만큼 리스크도 크다는 단점이 있다. 개발 이슈가 사라지거나 더이상 이슈로 부각되지 않을 때면 매매가격이 급락하고는 한다. 변동폭이 커서 자산가들이 탐낼 만큼 안정적인 투자 상품은 아니다. 투자해야 할 시점과 팔고 나와야 할 시점을 잡기가 만만치 않은, 소위 불확실성이 큰 상품이다.

주택의 수요는 대부분 그 지역 인근에서 발생한다. 주택 사업자들에 의하면 특정 지역에서 분양되는 아파트는 지역 내 수요가 대부분이라고 한다. 지방의 중소도시에서 분양하는 아파트를 매력적으로 여겨 서울에 투자하려는 사람은 많지 않다는 이야기다. 하지만 수요의 확장성이 뛰어난 강남의 아파트는 전국의 투자자들이 선망하는 투자 대상이다. 실수요도 풍부하고 투자 수요도 많아 수요의 확장성이 크다.

토지와 비슷한
강남 아파트

강남 아파트만큼 수요의 확장성이 뛰어난 상품으로는 토지가 있다. 아무리 강남 아파트가 수요의 확장성이 뛰어나도 매수자들의 상당수는 강남 지역 거주자들이다. 이에 비해 토지 수요는 아파트만큼 많지는 않지만 전국적이다. 제주 제2공항이 건설되는 지역의 외지인 토지 소유 비중은 50%에 가까웠다. 제주도민의 토지 소유 비중

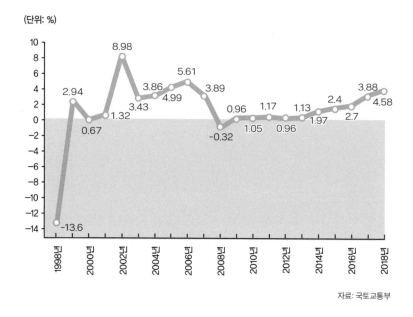

연간 지가 상승률

(단위: %)

자료: 국토교통부

과 큰 차이가 없었다. 이러한 현상은 제2공항 발표가 있기 전 3년 사이에 집중적으로 이루어진 토지 거래의 결과다.

개발 이슈가 크게 부각된 지역의 경우 대부분 외지인 보유 비중이 50%를 넘기기 일쑤이며, 외지인 투자는 개발 이슈가 부각되기 직전에 이루어진다. 그만큼 강남 아파트처럼 토지 역시 수요의 확장성이 큰 상품이다.

연간 지가 상승률을 통해 지난 25년간 땅값의 추이를 살펴보면 왜 강남 아파트와 비슷하다고 하는지 알 수 있다. 지가는 1997년 IMF 외환위기, 2008년 글로벌 금융위기를 겪은 해를 제외하고는 매년 한 자릿수씩 안정적으로 상승했다. 아파트만큼 매매가 잘 이

구분	확장성 상품	비확장성 상품
유형	강남 아파트, 토지	주택, 상가
상승폭	10배 이상	2~5배
시점	장기	단기
투자 전략	여유 자금	단기 자금
투자방법	적립식 투자	거치식 투자

루어지지는 않지만 변동성만 놓고 보면 강남 아파트보다도 안정적이었다.

저금리, 고령화 시대를 맞이해 주거선호 지역에 대한 수요 확장성은 더욱 커질 가능성이 높다. 강남 지역 거주자 중 상당수는 은퇴(예정)계층이다. 강남이 본격적으로 개발되기 시작한 이후에 입주한 연령층으로 학군과 직장 등 생활 인프라 수준이 높아 정착했지만 자녀들이 모두 분가한 이후에도 굳이 강남을 떠나지 않았다.

다양한 커뮤니티가 강남 지역 거주자들을 중심으로 이루어져 있어 오히려 떠나기가 곤란하다. 주택은 토지에 비해서는 수요 확장성이 떨어지지만, 그래도 강남 지역은 가장 확장성이 높은 곳이다. 강남의 기존 거주자들이 계속 거주하기를 희망한다면 입주에 따른 기회비용이 증가해 신규로 진입하려는 수요자들은 점점 더 기회를 얻기 힘들어질 것이다.

강남에 거주하기를 희망하는 계층 중 에코붐 세대를 빼놓고 이야기할 수 없다. 최근 조사에서 드러난 바에 따르면 에코붐 세대가 주거지를 택할 때 가장 중요하게 보는 특성 중 하나는 직주근접성이라고 한다. 특히 문재인 정부 들어 복지예산을 늘리기 위해 사회간접자본(SOC; Social Overhead Capital) 예산을 20%가량 급감시키면서 외곽보다 도심이 부각될 가능성이 더 커졌다.

서울의 3대 도심 중 가장 매력적인 주거선호 지역인 강남에 거주하기를 원하는 에코붐 세대가 증가한다면 앞으로도 주거선호 지역은 고착화되고 공고화될 수밖에 없다. 이러한 현상은 비단 주택에만 적용되는 것은 아니다. 서울에서 땅값이 가장 비싸다는 명동의 특정 부지는 15년째 매매가격 전국 1위를 기록 중이다. 새로운 상권이 생기는 경우보다는 기존 유망 상권이 확장되는 경우가 더 흔하다. 홍대 상권의 확장세는 여전히 무섭고, 앞으로 어디까지 확장될지 예측하기조차 힘들다. 주거 지역이든 상업 지역이든 선호되는 지역은 수요의 확장성으로 인해 오래도록 지위를 유지할 것이며, 주변에 미치는 영향도 더 커질 것이다.

베이비붐 세대는
다 어디로 갔을까?

8·2 대책, 9·13 대책, 10·1 대책 등 연이어 문재인 정부의 부동산 규제책이 쏟아지면서 은퇴했거나 은퇴를 앞둔 이른바 베이비붐 세대가 최대의 피해자라는 분석이 제기되고 있다. 은퇴 후 현금은 딱히 없고 가진 건 집 1채가 전부인데, 규제의 칼날이 주택 소유자들을 겨누고 있기 때문이다. 심지어 1주택자가 다시 분양을 받는 것마저 투기 수요라 규정하는 작금의 상황 속에서 베이비붐 세대는 혼돈에 빠져 있는 상태다.

베이비붐 세대는 1955~1963년 출생한 이들을 지칭한다. 국가 전체 인구의 약 14.6%로 인구 구성상 차지하는 비중이 매우 커 이들의 고령화는 사회적 관심이 되어왔다.

2010년대 초반만 하더라도 부동산 시장을 분석할 때 베이비붐 세대의 이야기가 빠진 경우가 거의 없었다. 당시 가장 큰 이슈가 부동산 폭락론이었고, 여기에 가장 큰 변수로 베이비붐 세대의 은퇴가 언급되고는 했다.

여전히 매입 주체는
베이비붐 세대다

하지만 2010년 후반으로 접어들면서 베이비붐 세대의 주택 보유 및 주택 매입 성향에 관한 연구는 거의 이루어지지 않고 있다. 부동산 시장의 매입 주체로 최근 거론되기 시작한 에코붐 세대에 관한 연구도 마찬가지다. 주택 수요자들에 관한 분석은 부동산 시장을 판단하는 데 있어 아주 중요한 의미를 가진다. 수요와 공급의 심리 게임인 부동산 시장을 정확히 판단하려면 수급의 주체를 분명히 해야 하는데, 공급은 명확히 파악되지만 수요는 다소 모호한 측면이 크기 때문이다.

복합적이고 모호한 수요를 가장 명확하게 드러내는 것은 인구통계이며, 이 인구통계에서도 가장 중요한 변수는 연령대별 인구 구조다. 결혼 10년 차 가구가 늘어나면 집값이 올라간다는 노무라금융투자의 분석도 이러한 연령대별 인구 구조를 바탕으로 한 조사로, 보통 결혼 10년 차에 접어들면 적극적으로 주택 매입에 나서기 때문에 수요가 증가한다는 논리다.

한국건설산업연구원에 의하면 베이비붐 세대의 고령화에 따라 2020년 이후 대형 주택 수요가 감소하고, 2030년대 초반 이후 주택 수요 감소세가 확대될 것이라고 한다. 베이비붐 세대의 고령화는 향후 주택 수요 변화를 예측하는 데 중요한 요인인데, 이들이 65세를 넘어서는 시점과 75세를 넘어서는 시점이 중요하다.

그런데 이러한 예측과는 달리 베이비붐 세대는 여전히 부동산 시장의 매입 주체로 활동 중이다. 50대 이하 연령대의 거래량 변동은 예년과 큰 변화가 없으나, 60대 이상 고령층의 거래량 비중은 지속적으로 상승 중이다. 지역별로 살펴봐도 마찬가지다. 이러한 현상은 우리나라에만 국한되지 않는다. 미국도 마찬가지인데, 미국의 65세 이상 시니어의 주택 보유율은 약 80%다. 10명 중 8명이 집을 소유하고 있는 셈이다.

미국의 부동산 정보 사이트 리얼티닷컴(www.realty.com)이 2018년 조사한 결과에 의하면 시니어의 85%가 "집을 팔 생각이 없다."라고 응답했다. 더 오래 일하고 싶고 자녀들과 함께 살고 있기 때문이다.

미국의 베이비붐 세대가 팔지 않고 갖고 있겠다는 주택의 수만 무려 3,300만 채로 추정되는데, 이 수치는 매년 주택 판매량의 6년 치에 해당하는 엄청난 물량이다. 부동산 거래 시장에서 가장 큰 공급이 막혀버린 셈이다.

초소형 아파트에 대한
관심이 커지다

베이비붐 세대가 주로 투자하는 주택은 어떤 형태일까? 대우건설이
건국대학교 산학연구팀과 공동으로 조사한 주택 수요 추정 빅데이
터 결과에 의하면 전용면적 40~50㎡ 초소형 주택의 계약자 비중
은 50대 이상이 36.4%로 가장 높았다. 60세 이상도 30.3%로 두 번
째로 높은 비중을 보였다.

현재 베이비붐 세대는 초소형 아파트에 집중하고 있는 듯하다.
이렇게 초소형 아파트를 매입하는 이유는 본인들이 거주하겠다는
의도보다 다른 목적이 있어 보이는데, 아마 대부분 부동산을 통해
안정적인 투자 수익을 얻고 자식들에게 상속이나 증여를 하겠다는
의도가 깔려 있는 것 같다.

실제로 2018년 서울 아파트 증여 거래 건수는 2017년과 비교하
면 2배 이상 증가했다. 전체 거래 대비 증여 거래의 비중을 지역별
로 살펴보면 강남구는 19.4%, 서초구는 17.0%, 송파구는 13.6%, 강

서울 지역별 증여 거래 건수 및 비중 변화

구분	서울 전체	강남구	서초구	송파구	강동구
2017년	7,408건	7.5%	9.7%	4.6%	2.5%
2018년	1만 4,192건	19.4%	17.0%	13.6%	11.0%

자료: 한국감정원

동구는 11.0%를 기록했다. 이는 2017년에 비해 2~4배나 증가한 수치다. 양도소득세와 종합부동산세 등 각종 세금 부담을 피하기 위해 팔지 않고 자식들에게 물려주겠다는 의도도.

실버타운, 타운하우스는
되레 관심이 없다

베이비붐 세대는 도심의 초소형 아파트에 관심이 많지만 되레 실버타운이나 타운하우스(공동정원에 연속 저층으로 건축된 주택)는 선호하지 않는다. 상품의 경쟁력이 높지 않아 투자가치가 떨어지기 때문이다.

실버타운의 정확한 법적 용어는 '노인복지주택'으로, 주택법이 아닌 노인복지법에 의거해 분양과 매매, 임대에 제한(만 60세 이상만 가능)을 받는 준주택이다. 수요자가 한정되어 있어 그리 인기 있는 상품은 아니다. 2008년이나 그로부터 10년 뒤인 2018년이나 입소 정원은 거의 변화가 없다. 노인복지시설은 전반적으로 증가했으나 노인복지주택만은 거북이걸음이다. 상품 경쟁력이 떨어지니 사업자들도 공급을 꺼렸고, 2015년 7월 노인복지법 개정으로 분양형 노인복지주택이 폐지되면서 공급이 더욱 줄었다.

수요자도 마찬가지다. '2018 서울시 노인실태조사'에 의하면 현재 거주하는 집에서 계속 살고 싶다는 응답이 86.3%에 이르렀고,

노인 인구의 희망 거주지

(단위: %)

구분	현재 거주하는 집	거주 환경이 더 좋은 집	서비스를 제공하는 시설	기타
비중	86.3	7.2	6.4	0.1

자료: <2018 서울시 노인실태조사>

서비스를 제공하는 시설에 거주하겠다는 의향은 6.4%에 불과했다. 그만큼 실버타운을 원하는 수요가 빈약한 것이다.

타운하우스 역시 상황은 마찬가지다. 은퇴하면 물 좋고 공기 좋은 타운하우스로 노인들이 주거를 옮길 줄 알았는데 그들은 여전히 도심을 더 선호한다. 도심의 연립주택도 상품 경쟁력이 떨어지는데 대도시 근교의 타운하우스는 상황이 더 안 좋다. 블록형 단독주택 단지나 테라스하우스(세대마다 테라스를 가진 경사지 연립주택) 등은 그나마 상품성을 가지고 있어 프리미엄이 붙었지만, 실버타운과 타운하우스의 전망은 그리 밝아 보이지 않는다.

베이비붐 세대는
도심을 떠나지 않는다

이처럼 베이비붐 세대는 도심을 떠나고 싶어 하지 않는다. 이들이 도심을 떠나지 않으면 에코붐 세대와 한정된 도심의 주택을 두고

베이비붐 세대와 에코붐 세대의 자가점유율 비교

(단위: %)

구분	40세 미만	50~59세	60세 이상	평균
2010년	34.2	68.0	76.3	54.3
2017년	31.8	64.5	73.8	57.7

자료: 국토연구원

경쟁하게 될 것이다. 에코붐 세대는 베이비붐 세대의 자녀 세대로 1970년대 후반과 1980년대에 태어나 그 숫자가 베이비붐 세대 못지않다. 하지만 이들의 주택 보유율은 낮은 수준에 머물고 있어 향후 구매 잠재력이 큰 계층이다.

에코붐 세대는 직주근접성을 선호하는 욕구가 베이비붐 세대보다 더 강하기 때문에 도심 주택을 포기하지 않는다. 투자 목적과 교육 환경 때문에 주택을 구입했던 베이비붐 세대에 비해 에코붐 세대는 실수요자가 많다. 한 정치인이 언급하면서 유명해진 '저녁이 있는 삶'은 개인 생활을 중시하는 에코붐 세대의 풍토가 잘 반영된 말이다.

과거 베이비붐 세대와 달리 에코붐 세대가 직장에서 초과근무를 하는 경우가 많지 않고 맞벌이 부부가 많은 점 등을 고려하면, 직주근접이라는 부동산 시장의 대명제는 더욱 크게 다가온다. 상대적으로 도심 외곽보다 일자리가 많은 도심의 경쟁력이 약화될 수 없는 연유다. 에코붐 세대는 앞으로도 도심을 선호할 것이다.

베이비붐 세대와 에코붐 세대가 도심의 소형 아파트를 두고 경쟁하면서 마포구·영등포구·성동구와 같은 배후주거지에 위치한 아파트 가격이 많이 올랐다. 에코붐 세대의 성향이 바뀌지 않고, 특별한 이유가 생겨 베이비붐 세대가 도심을 떠나지 않는다면 이런 추이는 계속될 것으로 보인다.

아파트 가격이 오르는 상승기에는 끝없이 오를 것만 같고 하락기에는 끝없이 떨어질 것만 같지만, 자산 시장은 한 방향으로만 움직이지 않는다. 지금의 부동산 시장은 하반기 상승을 위한 동력을 축적하는 시기일 수 있다. 효율적인 투자 전략을 바탕으로 서울 아파트 상승장에 올라타야 하는 이유다.

3장

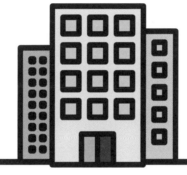

서울 아파트
상승장에 올라타라

서울 아파트,
상승의 하반기가 온다

아파트 가격은 주기성과 순환성을 갖는다. 가격 상승이 시작되고 끝나는 주기가 있으며, 이러한 사이클은 보통 계속 반복(순환)된다. 아파트 가격이 오르는 상승기에는 끝없이 오를 것만 같고 하락기에는 끝없이 떨어질 것만 같지만, 자산 시장은 한 방향으로만 움직이지 않는다. 상승과 하락, 즉 등락을 반복한다.

이러한 순환을 통해 침체된 시장의 아파트 가격이 언제부터 다시 상승할 것인지 대략 예측할 수 있다. 이를 정확히 전망하는 일은 거의 신의 영역이지만, 주기는 어느 정도 예측이 가능하다. 보통 상승기는 전반기와 하반기로 나눠볼 수 있는데, 가격 상승이 3~5년이 지속되면 일시적인 조정이 온다. 가격 상승이 일정 시간 지속되면 조정이 온다는 사실은 쉽게 이해가 된다. 산이 높으면 골이 깊고, 골이 깊으면 다시 높은 산이 기다린다. 그런데 상승의 전반기와 하반기를 구분하는 기준은 무엇일까?

상승의
전반기와 하반기

부동산 가격의 변동이 전반기와 하반기로 나뉘는 이유는 분양에서 입주까지 최소 3년 이상이 소요되는 부동산의 고유한 특성 때문이다. 분양이 많이 이루어지는 시기는 보통 부동산 경기가 좋을 때다. 2000년대 초반과 2010년대 중반의 상황이 그랬다. 하지만 아파트의 입주가 시작되면 대개 분양 시기와는 다른 시장이 형성된다.

먼저 정부의 규제가 심해진다. 2003년에 발표된 참여정부의 8·31 대책과 2017년에 발표된 문재인 정부의 8·2 대책이 대표적이다. 특히 8·2 대책은 금융 규제와 전매 제한, 세금 규제 등을 한꺼번에 쏟아내 시장에 미치는 영향이 매우 컸다. 또한 입주물량이 많아지면서 상대적으로 부동산 경기에도 나쁜 영향을 미쳤다.

대량으로 입주하는 아파트로 인해 전세를 맞추지 못하는 단지들이 많아지고 역전세가 발생하면서 매매가격마저 위태로워졌다. 규제와 공급 과잉으로 부동산 시장이 몸살을 앓게 되는데, 2004년과

2018년의 상황이 여기에 해당한다. 하지만 이런 어려움도 아파트 가격 하반기 상승을 위한 동력을 축적하는 시기일 수 있다. 2005년 참여정부 때 그러했던 것처럼 문재인 정부 역시 2020년이 변곡점이 되어 본격적인 상승장이 시작될 수 있다.

규제와 공급 과잉으로 부동산 경기가 나빠져도 아파트 매매가격이 흔들리지 않는다면 상승의 하반기가 시작되는 징후로 볼 수 있다. 상승의 하반기가 다가올 때 나타나는 두드러진 특징 중 하나는 가격 상승률이 높았던 서울 도심의 아파트 매매가격보다 오히려 수도권과 경기도 외곽 지역의 아파트 매매가격이 오르기 시작한다는 점이다. 이는 그동안 소외되었던 경기도 외곽의 아파트들이 키 맞추기를 하고, 동시에 규제가 없는 곳을 찾아다니는 투자 수요가 본격적으로 움직였기 때문이다.

9·13 대책이 발표된 이후 100일 동안 서울 아파트 매매가격 상승률은 0.28%였지만, 경기도는 0.59%로 서울을 앞질렀다. 9·13 대

9·13 대책 전후 100일 수도권 아파트 매매가격 상승률

(단위: %)

구분	서울			경기			
	계	강북	강남	계	경부1권	경부2권	경의권
6월 4일~ 9월 10일	2.88	2.91	3.05	0.30	1.73	0.99	-0.91
9월 10일~ 12월 17일	0.28	0.56	-0.09	0.59	0.76	1.67	0.81

자료: 한국감정원

책이 발표되기 전 100일 동안은 반대로 서울이 2.88%로 경기도의 0.30%보다 높은 매매가격 상승률을 보였다. 9·13 대책으로 상황이 역전된 것이다.

9·13 대책이 발표된 후 그동안 줄기차게 강세를 보였던 강남 지역은 -0.09%를 기록하며 하락세로 돌아선 반면, 강북 지역은 0.56%로 꾸준한 상승률을 유지했다. 여기에 과천과 성남이 속한 경기도 경부1권의 상승률 또한 0.76%로 용인이 포함된 경부2권의 상승률 1.67%보다 낮아졌다. 그동안 경기도에서 가격 상승이 가장 부진했던 일산이 포함된 경의권의 상승률은 0.81%로 가장 높았다. 경기도도 소외되었던 지역을 중심으로 가격 상승이 시작된 것이다.

9·13 대책이 발표되기 전 100일과 비교하면 그 차이가 확연함을 알 수 있다. 발표 전에는 강남 지역의 상승률은 3.05%로 강북 지역 2.91%보다 높았으며, 경부1권의 상승률 또한 1.73%로 경부2권의 0.99%나 경의권의 -0.91%에 비해 월등히 높았다.

상승의 하반기에 대비하자

상승의 하반기가 시작되면 서울 도심보다는 경기 지역의 아파트 매매가격 상승률이 상대적으로 높아진다. 참여정부 때도 마찬가지였다. 2004년 조정을 겪고 난 후 상승의 하반기가 시작되자, 상승폭이 극대화된 2006년 고양시는 무려 22.42%의 상승률을 보이며 강남 3구를 압도했다. 그동안 소외되었던 서울 외곽의 아파트들이 본격적으로 가격 상승의 대열에 합류하며 서울 도심과의 가격 차이를 빠르게 메워나갔기 때문이다.

현재도 마찬가지다. 2018년 1억 원 이하의 전세 물건도 보였던 동탄신도시의 전셋값은 2019년 10월 기준으로 3억 원에 가깝다. 동탄호수공원 일대를 중심으로 폭락했던 전셋값은 동탄신도시의 공급이 마무리되자 빠른 반등을 보이는 중이다.

참여정부 때 조정기를 거쳐 상승의 하반기가 시작되었던 것처럼 지금의 부동산 시장도 힘을 축적하는 시기일 수 있다. 부동산 경기가 나빠져도 아파트 매매가격이 흔들리지 않는다면 상승의 하반기가 시작되는 징후로 볼 수 있고, 수도권과 경기 외곽 지역 아파트들의 키 맞추기 또한 긍정적인 요인으로 보인다. 실제로 9·13 대책으로 인해 서울 아파트값은 잠시 주춤했지만 이후 천정부지로 치솟아 정부의 또 다른 규제책을 야기했다. 정부의 연이은 규제가 효과를 볼지는 미지수지만, 규제 일변도의 정책에도 서울 아파트 상승장을 막지 못했던 참여정부 시절을 떠올리면 문재인 정부의 부동산 정책역시 효과를 보지 못할 가능성이 커 보인다.

지금까지의 예측은 주기성과 순환성이라는 부동산 자산의 특성을 반영한 추정이다. 물론 이러한 예측이 현실과 일치하지 않을 수도 있다. 지금의 아파트 시장 상황을 대세 하락의 전조로 받아들이는 투자자들도 많다. 어차피 미래를 정확히 예측하는 것은 불가능하지만, 부동산 투자에서는 숲을 먼저 보고, 그다음 나무를 보는 것이 실수를 줄이는 길이다. 매수하려는 해당 부동산에만 너무 집중하면 그 뒤에 밀어닥칠 상승장이나 하락장을 놓치는 우를 범할 수 있다. 지금은 불어오는 바람의 방향과 세기를 살펴야 할 때지, 눈앞의 파도에 집중할 때가 아니다.

어차피 미래를 정확히 예측하는 것은 불가능하다.

부동산 투자에서는 숲을 먼저 보고,

그다음 나무를 보는 것이 실수를 줄이는 길이다.

구축 아파트도
좋은 투자 대상이다

새 아파트 전성시대다. 새 아파트가 인기 있는 이유는 단지 새것이기 때문만은 아니다. 기능적·구조적으로 새 아파트는 기존 아파트에 비해 뛰어나고, 같은 전용면적이더라도 실제 사용 면적은 구축 아파트에 비해 새 아파트가 5~10% 정도 더 넓다. 이는 전용면적을 측정하는 기준이 1998년 10월 이후 중심선치수(전용면적 계산 시 벽체 중앙을 기준으로 간격 측정)에서 안목치수(전용면적 계산 시 벽체 안쪽 면을 기준으로 간격 측정)로 변경되었기 때문이다. 실제로 전용면적 59㎡인 아파트에 중심선치수와 안목치수를 각각 적용하면 전체 면적의 7%에 해당하는 4㎡ 이상의 차이가 발생한다.

서비스 면적인 발코니 또한 무시할 수 없는 변수다. 발코니 면적의 경우 평면이 좌우로 길어지면 서비스 면적이 늘어나게 되는데, 베이(bay) 수가 증가하면 전체 면적을 더 키울 수 있다. 최근 3.5베이에서 많게는 4베이 아파트까지 나오는 점을 고려하면 과거에 비해 아파트 면적이 넓어졌다는 것을 알 수 있다. 2006년 발코니 확장을 합법화한 조치가 밑바탕이 되었다.

새 아파트는 내부 구조(unit)가 획기적으로 개선되었다는 점 또한 매력적이다. 그렇다면 이제 기존 아파트는 투자 대상에서 완전히 제외해야 하는 걸까? 분양하는 아파트에 당첨되기 만만치 않은 상황에서 새 아파트 전성시대에 편승하는 방법도 고려해볼 만하다.

새 아파트에
편승하라

일반적으로 구축 아파트는 투자 수익률이 떨어진다. 하지만 새 아파트 인근의 구축 아파트와 새 아파트로 탈바꿈하는 물건 인근의 기존 아파트는 바람직한 투자 대상이 될 수 있다. 새 아파트의 후광효과를 노리는 것이다. 2017년 성동구는 아파트 매매가격 상승률이 거의 10%에 육박해 서울 내에서 세 번째로 높았다. 성동구의 가격 상승률은 성수동에 위치한 주상복합 아파트 갤러리아포레·서울숲트리마제 등이 견인했다. 2019년 7월 기준으로 갤러리아포레 전용면

국토교통부 실거래가 공개시스템에서 확인한 강변동양의 실거래가

적 168.37m²의 거래금액은 무려 35억 5천만 원이었다. 한강 조망권이 더 뛰어난 서울숲트리마제의 전용면적 69.72m²의 호가 또한 무려 20억 원이다. 이런 아파트들은 성동구의 랜드마크로서 뛰어난 입지와 우수한 시설을 자랑한다. 하지만 서민들에게는 그림의 떡일 뿐이다.

눈에 잘 띄진 않지만 서울숲트리마제 옆에는 강변동양이라는 아파트가 있다. 2001년에 입주한 142세대에 불과한 나홀로 아파트다. 이 아파트의 2019년 10월 전용면적 59.9m²의 실거래가는 15억 원이다. 서울숲트리마제 전용면적 69.7m²의 실거래가가 약 20억 원인 것에 비하면 상대적으로 떨어지는 가격이지만 과거보다 만만치 않게 올랐다는 걸 알 수 있다.

이 아파트가 이렇게 많이 오른 이유는 성수동에 위치해 있고, 바

구분	마포구	종로구	서대문구
상승률	8.75%	6.05%	5.19%
전국 순위	11위	19위	22위

자료: 한국감정원

로 옆에 랜드마크인 서울숲트리마제가 있기 때문이다. 한강 조망권 만으로 매매가격이 상승했다고 볼 수도 있지만, 과거 3억~4억 원대 였던 2008년에도 한강 조망권이 뛰어났던 점을 고려하면 이 아파트 의 가격 상승 요인이 다른 데 있다는 것을 알 수 있다.

마포구 역시 아현뉴타운을 통해 천지개벽 중이다. 2014년에 입 주한 3,885세대 마포래미안푸르지오가 대장 아파트인데, 최근 전용 면적 84m² 아파트의 실거래가가 15억 원을 넘어섰다. 경희궁자이 라는 신축 아파트는 마포래미안푸르지오와 앞서거니 뒤서거니 하는 강북의 대장 아파트로, 2017년에 입주했고 2~3단지를 합치면 2천 세대에 가깝다. 두 아파트의 전용면적 84m²의 호가는 이미 15억 원 을 훌쩍 넘어, 서민들이 접근하기 어려운 수준이다.

이들 단지의 중간은 서대문구인데 몇몇 구축 아파트 단지들이 포 진해 있다. 서대문구에 위치한 아파트들의 가격 상승률을 보면 마포 래미안푸르지오 및 경희궁자이와 일정 금액 차이를 보이면서 따라 가는 형국이다. 상승률은 상대적으로 낮지만 투자금 대비 양도차익 은 만만치 않을 것이다.

정리하면 신축 아파트 옆의 구축 아파트는 좋은 투자 대상이 될 수 있다. 신축 아파트의 입주 자체만으로도 호재로 작용해 가격 상승을 유발하기 때문이다. 20년 내외의 오래된 아파트 단지들만 있는 지역은 이런 가격 상승의 혜택을 보기가 어렵다. 10년 이내에 입주한 아파트 단지들이 거의 없는 경기 지역 중 재개발·재건축 이슈가 없는 곳 역시 매매가격 상승률이 낮다. 경기도에서 10년 이내 입주한 아파트의 비율이 10% 미만인 군포시·동두천시·포천시의 매매가격 상승률은 1~2%에 그친다.

상가의 명당이 코너 자리라는 것은 상식이지만, 코너 자리는 워낙 가격이 비싸 수익률이 떨어질 수 있다. 그래서 코너 바로 옆자리 상가가 진짜 알짜라는 말이 있는데 신축 아파트 옆의 구축 아파트의 상품성을 눈여겨봐야 하는 이유도 비슷하다.

향후 공급 여부가
중요하다

그럼 새 아파트가 들어서면 무조건 좋은 걸까? 택지로 공급될 수 있는 용지가 얼마만큼 남아 있는가도 중요하다. 언제든지 새로운 아파트가 공급될 수 있는 지역은 아무리 새 아파트가 들어선다고 하더라도 가격 상승을 담보하기 어렵다. 특히 공공택지를 보유한 지역은 더욱 그렇다. 공공에서 분양하는 아파트의 가격이 낮기 때문에 먼저 들어선 새 아파트 또한 이 가격에 수렴하게 된다.

신규 아파트가 계속 공급된다면 공급 과잉에 따른 부정적인 요인 또한 무시할 수 없다. 궁극적으로 부동산은 독점의 가치를 향유하는 것이다. 언제라도 유사한 아파트가 공급될 수 있는 지역보다는 더 이상 새 아파트를 기대할 수 없는 지역의 새 아파트가 훨씬 더 가치 있는 상품이 될 수 있다.

왜 규제 지역만
집값이 오를까?

문재인 정부 들어 서울 아파트에 대한 규제가 강화되면서 풍선효과로 부작용이 발생할 것이라는 우려가 제기되었다. 실제로 2019년 12월 기준으로 개별 또는 후속 조치까지 합쳐 총 18개 규제책이 쏟아졌지만 결과는 신통치 않았다. 수도권은 상승하고 지방은 하락하는 양극화 현상만 고착화되는 모양새다.

그럼 풍선효과는 언제 발생하는 걸까? 풍선효과란 풍선의 한쪽을 누르면 다른 쪽이 불룩 튀어나오는 것처럼, 사회적으로 문제가 되는 특정 사안을 억압하거나 금지하면 규제가 없거나 느슨한 쪽으로 유사한 문제가 벌어지는 현상을 의미한다. 문재인 정부는 8·2 대책을 발표한 후 한 달이 지나자마자 다른 문제를 막기 위해 9·5 대책을 추가로 발표했다.

9·5 대책을 통해 성남 분당구과 대구 수성구를 투기과열지구로 지정한 이유는 8·2 대책으로 벌어진 풍선효과 때문이다. 아파트 가격 상승세가 강남 이외의 지역으로 번져나가는 것을 막기 위해 정부는 추가로 규제책을 내놓았다. 물론 분당구는 문재인 정부 1년 동안 아파트 매매가격이 가장 많이 오른 지역이며, 수성구 또한 지방에서 가장 많이 오른 지역이지만 그 이외의 풍선효과는 찾아보기 어려웠다. 결국 무분별한 규제책으로 인해 수도권의 집값은 상승하고 지방의 집값은 하락하는 현상만 심화되었다.

정책은 시장을 이기지 못한다

주택 가격이 상승하는 호황기 때는 풍선효과가 벌어지지만, 현재와 같이 전반적으로 조정을 받는 시기에는 누를수록 더 튀어 오르는 이른바 용수철효과가 더 크게 발생한다. 풍선이 부풀었다가 줄기를 반복하기 위해서는 수요가 충분해야 한다. 하지만 가격이 조정을 받을 때는 수요가 급격하게 줄어 현실적으로 풍선효과가 나타나기 어렵고, 수요가 줄어들기 때문에 특정 지역과 특정 상품에만 남은 수요가 몰린다. 따라서 가격이 조정을 받는 시기에는 위계가 높은 상품에 투자하는 것이 바람직하다.

부동산 상품은 위계를 가진다. 개별 부동산도 마찬가지고, 유형별로도 그렇다. 국내 주택이 대략 2천만 호인데 이 주택을 1등에서 2천만 등까지 가격에 의해 순위를 매길 수 있다. 물론 기준은 객관적일 수도 있고 주관적일 수도 있다. 어떤 사람은 위계가 높은 강남을 좋아하지만 또 다른 주택 수요자는 복잡한 도심을 싫어할 수도 있기 때문이다. 실거래가와 공시가격 등이 객관적인 지표라 할 수 있다.

개별 부동산 측면에서도 이 위계는 중요하다. 1위의 가격이 올라간다고 가정하면 아래에 있는 2위와 3위의 가격 또한 대부분 1위를 따라 상승한다. 시차와 상승의 정도는 차이가 있겠지만 어쨌든 순위에 따라 가격이 변동한다. 보통 상위에 있는 아파트 가격이 먼저 움직이는 경향이 있지만 부동산 시장의 상황과 지역적 특성에 따라 하위의 가격이 먼저 움직이기도 한다. 주변의 개발 이슈와 저평가 여부 등이 이를 결정할 것이다.

아파트에 순위를 매기면 강남4구가 가장 높은 위치에 있을 것이다. 주택 수요가 줄어드는 지금의 상황에서는 위계가 낮은 상품에까지 소비자들의 관심이 닿지 않아 높은 위계의 상품이 더욱 주목받을 것이다. 2017년 8·2 대책 발표 이후 가장 강한 규제가 적용된 강남4구의 아파트 매매가격은 오히려 10.17%나 상승했다. 반면 규제가 전혀 없는 8개 도는 9.70% 하락했다.

8·2 대책 발표 이후 지역별 아파트 매매가격 상승률을 보면 풍선

8·2 대책 이후 지역별 아파트 매매가격 상승률(2019년 9월 기준)

(단위: %)

구분	전국	서울	강남4구	수도권	지방	8개 도
매매가격 상승률	-1.90	8.13	10.17	2.79	-6.14	-9.70

자료: 한국감정원

효과보다는 용수철효과가 더욱 크게 발생하고 있는 듯하다. 강한 규제를 적용하는 지역은 주택 수요가 풍부한 곳이어서 조정기에도 수요가 남아 있고, 수요를 만족시켜줄 공급이 없는 이상 누르면 누를수록 튀어 오르는 경향을 보인다. 분양과 입주는 꾸준히 이루어지고 있지만 분양권과 입주권에 대한 전매 제한이 수요보다 공급을 더 줄어들게 만들었다.

규제 지역의 매물은
더욱 줄어들 것이다

현재의 시장 상황을 예측할 때는 다주택자들의 움직임도 중요하다. 그들이 처분하기 원하는 아파트는 보통 규제 지역보다는 주택 수요가 거의 없는 지역에 위치한 물건인 경우가 많다. 가격 상승이 예상되는 규제 지역의 아파트는 보유하고, 가격이 하락하는 나머지 지역의 아파트는 처분할 가능성이 크다. 규제가 없는 지역은 매물이 늘

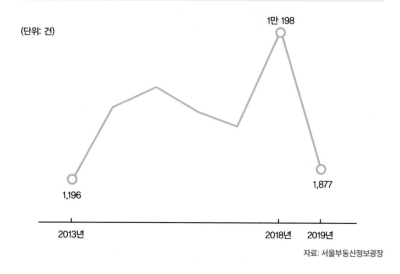

연도별 1월 서울 아파트 거래량 추이

(단위: 건)

1만 198

1,196

1,877

2013년　　　　　　2018년　2019년

자료: 서울부동산정보광장

어나 가격이 더욱 하락하는 반면, 규제 지역은 동결효과가 강화되어 매물을 찾아보기 어렵게 될 것이다.

연도별 1월 서울 아파트 거래량 추이를 보면 2019년 1월 서울 아파트 거래량이 6년 만에 최저치를 기록했다는 걸 알 수 있다. 매도자들이 버티기에 들어갔기 때문인데, 2019년 1월 서울 아파트 거래량은 2013년 1월 이후 가장 낮은 수준을 보였다. 과거 2018년 1월 1만 198건과 비교하면 무려 81.6%나 감소했다.

보유세 개편안과 여의도·용산 통합 개발론 등으로 2018년 9월과 10월 서울 아파트 거래량이 크게 늘어났지만, 정부의 9·13 대책 후속 조치들이 본격화되면서 다시 시장은 차갑게 얼어붙었다. 거래 가능한 서울 아파트도 급격히 줄었지만 거래할 수 있는 아파트마저 보유자들이 거래를 미루는 경향이 두드러졌다. 이러한 현상이 안타까운 이유는 주택 수요자들의 선호가 집중되고 있는 새집(분양권)이나 새집이 될 아파트(입주권)에 이러한 동결효과가 집중되고 있기 때문이다. 이러한 동결효과는 서울 아파트 시장이 결코 무너질 수 없다는 시장 참여자들의 공통된 인식에서 비롯되었다.

문재인 정부 1년,
가장 많이 오른 아파트는?

2017년 5월 10일 취임한 문재인 정부의 집권 초기 1년은 향후 부동산 시장을 예측하는 데 중요한 단서를 제공한다. 이는 정권의 철학적 기반이 집권 초 1년에 확립되며, 중요한 부동산 정책 또한 이때 발표되는 경우가 많기 때문이다. 물론 가장 중요한 것은 정부의 부동산 정책에 대한 투자자들의 대응이며, 이것으로 인해 향후 부동산 시장의 상승과 하락 등 전반적인 방향이 결정된다. 투자자들의 반응을 정확하게 알려면 먼저 가장 많이 오른 아파트가 어디인지를 파악해야 한다.

문재인 정부 vs.
박근혜 정부

문재인 정부 1년간 가장 많이 오른 아파트는 서울 개포동의 개포주공4단지로 58.7%의 상승률을 보였다. 이 아파트의 3.3m²당 매매가격은 무려 1억 1,471만 원이다. 다음은 서울 신길동의 신미가 51.7%, 서울 공덕동의 마포현대가 50.6%의 높은 상승률은 보였다. 상위 5개 단지 모두 1980년대 초에 입주한 아파트로 재건축 이슈로 인한 가격 상승으로 판단된다. 여전히 재개발·재건축 이슈가 부동산 시장의 주요 테마인 것이다. 그럼 이전 정권인 박근혜 정부의 1년은 어땠을까?

박근혜 정부 1년간 가장 많이 오른 아파트는 광주시 문흥동의 문흥라인3차로 76.9% 상승했다. 그다음은 광주시 오치동의 대웅이 72.4%, 광주시 오치동의 오치공간이 57.1%로 높은 상승률을 보였다. 문재인 정부와는 다르게 상위 5개 단지 모두 1990년대 초중반 입주한 아파트였다. 재건축·재개발이 아파트 가격을 상승시키는 주요 원동력은 아니라는 말이다. 오히려 입주연도가 꽤 지나 생활 인프라가 안정화된 아파트들이 많이 올랐다.

문재인 정부 1년간 가장 많이 오른 아파트 33개 단지의 평균 세대수는 663세대였다. 박근혜 정부 1년간 가장 많이 오른 아파트의 평균 세대수가 306세대인 것과 비교하면 2배 이상 차이가 난다. 이는 문재인 정부 1년간 가장 많이 오른 아파트들 중 1천 세대 이상의 대단지가 6개 단지나 포함되었기 때문이다. 반면 박근혜 정부 1년 동안 1천

문재인 정부 vs. 박근혜 정부 상승률 상위 5위 아파트

순위	시도	시군구	읍면동	아파트	총 세대수 (가구)	만 원/ 3.3m²	상승률 (%)	입주 연도
문재인 정부 1위	서울	강남구	개포동	개포 주공 4단지	2,840	1억 1,471	58.7	1982년
2위	서울	영등포구	신길동	신미	130	1,936	51.7	1981년
3위	서울	마포구	공덕동	마포 현대	480	2,099	50.6	1987년
4위	서울	강남구	도곡동	삼호	144	3,534	48.8	1983년
5위	서울	강동구	둔촌동	둔촌 주공 2단지	900	6,201	47.1	1980년
박근혜 정부 1위	광주	북구	문흥동	문흥 라인 3차	288	479	76.9	1994년
2위	광주	북구	오치동	대웅	192	417	72.4	1996년
3위	광주	북구	오치동	오치 공간	280	330	57.1	1994년
4위	경북	구미시	형곡동	풍림 2차	340	519	56.4	1990년
5위	울산	동구	전하동	늘푸른	300	604	52.6	1995년

자료: 부동산114

세대가 넘는 아파트는 단 1개 단지도 포함되지 않았다. 문재인 정부 1년 동안은 수도권의 대단지 아파트가 많이 올랐으나, 박근혜 정부 1년 동안은 지방의 중소규모 단지들이 많이 올랐음을 알 수 있다.

각 정부의 3.3m²당 단순 평균 매매가격은 문재인 정부 1년 동안

구분	지역	총 세대수	만 원/3.3m²	변동률	입주연도
문재인 정부	서울(78.8%)	663세대	3,801	45%	1992년
박근혜 정부	광주(36.4%)	306세대	451	47%	1993년

자료: 부동산114

은 3,801만 원으로 박근혜 정부의 451만 원보다 무려 8.4배나 높았다. 상승률 1위 아파트를 비교하면 격차는 더욱 벌어진다. 문재인 정부 1년 동안 가장 많이 오른 아파트인 개포주공4단지의 3.3m²당 매매가격은 1억 1,471만 원으로, 박근혜 정부 1년 동안 가장 많이 오른 아파트인 문흥라인3차의 매매가격 479만 원과 비교하면 23.9배 차이다. 이러한 차이는 최근 서울 아파트 가격의 높은 상승세에 기인한 결과다.

문재인 정부 1년 동안 가장 많이 오른 아파트 33개 단지 중 3.3m²당 평균 매매가격이 1천만 원 이하인 곳은 1곳인 데 반해, 박근혜 정부 1년 동안은 4~5년 전이지만 3.3m²당 평균 매매가격 1천만 원이 넘는 아파트 단지가 전혀 없었다. 박근혜 정부 1년은 저평가된 아파트 단지들을 중심으로 가격이 상승했음을 알 수 있다.

단순히 각 정부의 평균 가격 상승률만 비교해보면 큰 차이가 없으나, 41.5~58.7%로 상승률의 편차가 크지 않은 문재인 정부에 비해 박근혜 정부는 37.9~76.9%로 편차가 컸다. 평균 입주연도 역시 문재인 정부는 1980년대 이전 아파트가 17개 단지나 포함되어 재개발·재건축 개발 이슈가 본격화되었는 데 반해, 박근혜 정부는 1980년대 이전 아파트가 6개 단지에 그쳤다.

또한 문재인 정부 1년 동안은 2000년대 이후 아파트도 7개 단지나 포함되어, 2000년대 이후 아파트가 전혀 포함되지 않았던 박근혜 정부와 대조를 보였다. 따라서 박근혜 정부 1년 동안은 1990년대 입주해 생활 인프라가 안정화된 아파트 단지들의 상승률이 높았고, 문재인 정부 1년 동안은 재건축 이슈가 있는 1980년대 이전 아파트와 2000년 이후 새 아파트의 상승률이 높았다는 사실을 알 수 있다. 새 아파트와 재건축 이슈가 있는 구축 아파트의 상승률이 높지 않았던 박근혜 정부 때와는 상반된 결과다.

지역적으로 분석하면 문재인 정부 1년 동안은 상승률 상위 33개 단지 아파트 중 서울과 경기도의 아파트가 30개나 포함되었으며, 그중 서울이 26개로 압도적이었다. 이에 반해 박근혜 정부 1년 동안은 33개 단지 중 광주가 12개, 경북이 9개, 대구가 6개 포함되었으며, 수도권에서는 포함된 단지가 없었다.

문재인 정부 1년 동안 가장 많이 오른 아파트 순위를 100개 단지까지로 확대해도 대부분은 서울 강남권역에 있는 아파트들이다. 다음으로 많은 지역은 성남시 분당구인데, 이 또한 서울의 가격 상승에 편승한 지역이다. 따라서 문재인 정부 임기 동안은 규제가 집중되고 있는 서울, 그중에서도 강남권역의 강세가 지속될 것으로 보인다. 문재인 정부의 경우 오히려 규제를 한 지역만 오르는 부작용이 두드러졌다.

가장 높이 뛴
지역은 분당이다

'천당 아래 분당, 2018년 상반기 아파트 매매가격 상승률 1위' '문재인 정부 집권 1년, 아파트 매매가격 상승률 1위' 성남시 분당구의 성적표다. 한국감정원의 자료에 의하면 2018년 상반기 성남시 분당구의 아파트 매매가격 상승률은 9.94%에 이른다. 문재인 정부 집권 1년간의 성적표는 더 우수하다. 분당은 무려 16.76%가 올랐다. 박근혜 정부 1년간 가장 많이 오른 경북 칠곡군의 상승률 24.04%에 비하면 상대적으로 높지 않지만, 최근 분당구의 상승세가 무섭다.

분당구를 제외하고 2018년 상반기 가장 많이 오른 지역은 과천과 용산이다. 각각 6.58%, 6.56% 올랐는데 분당과는 3%p 이상의 차이를 보인다. 2위부터 10위까지의 상승률은 4~6%대로 큰 차이가 없는데 분당만 우뚝 솟은 느낌이다.

'천당 아래 분당'이 가장 많이 오른 이유는 2019년 4월 신분당선

2018년 상반기 아파트 매매가격 상승률 상위 지역

(단위: %)

순위	1위	2위	3위	4위	5위	6위	7위	8위	9위	10위
구분	성남시 분당구	경기 과천시	서울 용산구	서울 송파구	서울 마포구	경기 하남시	서울 강동구	서울 광진구	서울 동작구	서울 중구
상승률	9.94	6.58	6.56	6.23	5.86	5.70	5.55	5.14	4.97	4.78

자료: 한국감정원

미금역이 개통되고 노후 아파트의 리모델링 사업이 본격화되었기 때문이다. 또한 제2의 판교테크노밸리 등 개발 이슈가 이목을 집중시켰고, 분당 정자동에서 15년 만에 들려온 새 아파트 분당더샵파크리버의 공급 소식도 여기에 한몫했다.

기저효과도 무시할 수 없는 변수다. 2009년 이후 판교신도시, 즉 판교동·삼평동·백현동에 입주한 아파트는 모두 2만 2천 세대에 가까운데, 새 아파트 입주물량이 쏟아지면서 몇 년 동안은 상대적으로 하락폭이 컸다. 최근의 회복세는 이렇게 벌어진 갭을 메우는 과정에서 벌어진 일이지만 이유가 이것만은 아닐 것이다.

과거 서울 남부 지역의 가격 상승은 한 라인으로 이루어졌다. 강남 아파트 가격 상승의 영향은 거의 단일 선으로 남부 지역에 영향을 미쳤지만, 이 영향이 최근에는 세 가지 방향으로 분산되는 듯하다. 첫 번째는 송파에서 시작한 '위례-성남-용인' 라인이다. 최초 가격 상승을 견인한 라인이고 여전히 큰 힘을 발휘한다. 두 번째는 '판교-분당' 라인이다. 판교의 영향력이 커지면서 분당이 첫 번째 라인에서 옮겨 두 번째 라인과 연결되는 느낌이다. 마지막은 '과천-의왕-안양' 라인이다. 과천 부동산 시장이 장기간 침체하면서 움직임이 없었는데 최근 과천의 재건축이 활성화되면서 안양까지 그 온기가 느껴지고 있다.

결국 위례로 인해 더욱 강화된 첫 번째 라인의 영향과 함께 판교의 영향으로 강남과의 연동성이 더욱 좋아진 측면이 분당의 가격을 상승시킨 또 다른 요인이다.

재건축 이주 수요도
눈여겨보자

강남 재건축의 영향은 전국적이다. 강남 재건축은 전국 아파트 가격 상승의 시초이자 바로미터의 역할도 한다. 하지만 재건축 사업으로 인한 이주 수요 또한 굉장히 큰 변수다. 유의해야 할 점은 이주 수요가 움직이는 가격대를 유심히 봐야 한다는 것이다.

재건축 아파트는 전세가율이 높지 않다. 부동산114의 자료에 의하면 서울의 일반 아파트 전세가율은 64.7%인 데 반해, 재건축 아파트는 31.1%에 그쳤다. 이는 강남 재건축 아파트에 거주하던 이들이 기존의 이주비나 전세자금만으로는 강남 내 다른 아파트로 이동하기 힘들다는 뜻이다. 강남과 유사하면서 접근성이 좋은 곳을 찾게 되는데, 결국 해답은 분낭이다.

실제로 2018년 1~5월 성남의 유입 인구 2,865명 중 1,005명이 강남구에서 순 전출한 인구다. 강남구에서 수도권으로 이동했던 4,390명 가운데 가장 많은 숫자다. 물론 전출한 모든 가구가 재건축

일반 아파트 vs. 재건축 아파트 전세가율 비교(2018년 6월 기준)

(단위: %)

구분	전국	서울
일반 아파트	70.6	64.7
재건축 아파트	32.0	31.1

자료: 부동산114

사업으로 거주지를 옮긴 것은 아닐 테지만, 재건축 사업이 상당한 영향을 미쳤음을 짐작할 수 있다.

새로운 흐름에
주목하자

2018년 하반기는 문재인 정부 집권 1년이 경과한 시점으로, 집권 초 발표한 8·2 대책의 영향이 본격화되어 향후 부동산 시장이 어떻게 움직일지 예측하는 데 큰 도움이 되었던 시기다. 똑똑한 한 채에 대한 수요가 늘어나면서 대형 아파트의 강세가 두드러지는 등 과거와는 다른 양상을 보여 투자자들의 세심한 판단이 요구되었다. 다음은 〈헤럴드경제〉의 2020년 1월 6일 기사다.

> 서울 아파트 시장에 중대형 이상 크기 아파트 상승세가 가파르다. 수요가 많은 중형·중소형보다 상승폭이 더 큰 건 집계 이후 처음이다. (…) 지난해 중대형과 대형 규모 상승세가 중소형·소형을 압도한 건 수급 요인이 크다는 게 전문가들의 판단이다. 중소형·소형 공급만 주로 하다 보니 대형·중대형 공급이 부족한 상황이 왔다는 것이다. 수도권 새 아파트 공급은 전용면적 84m² 이하 중심으로 이뤄지고 있다. 자금 여력이 있는 다주택자들이 소형 아파트를 사기 어려워진 것도 소형 상승폭을 제한시킨 원인으로 꼽힌다.

실제로 2018년 상반기에는 전국적으로 전용면적 40m² 이하의 아파트 매매가격이 1.5% 하락한 반면 전용면적 135m²를 초과하는 아파트는 2.3% 상승했다. 이러한 흐름은 수도권과 지방 모두 마찬가지였다. 새로운 흐름에 유의해 지역과 함께 상품별 추이를 유심히 살펴야 하는 이유다.

결혼 10년 차 부부가
집값을 올린다

2015년 노무라금융투자의 한 보고서가 눈길을 끈다. 서울 집값 상승세가 2018년까지 이어질 가능성이 크다는 진단인데, 그 근거로 서울의 결혼 10년 차 부부의 수를 제시했다. 서울의 결혼 10년 차 부부의 수가 2015년 31만 명을 넘어섰고 지속적으로 증가했기 때문에 집값도 계속 오른다는 논리였다.

결혼 10년 차 부부는 부동산 시장에서 어떤 의미를 가질까? 본격적으로 부부가 주택 구입에 나서는 시기를 대개 결혼 10년 차로 본다. 결혼 10년 차가 되면 보통 자녀가 초등학생이 되기 때문에 더 넓은 집으로 이사하거나 전월세를 탈피하려는 움직임을 보이기 때문이다. 당시 국내 부동산 전문가들은 2017년부터 입주물량이 증가해 서울 아파트 가격이 하락세에 접어들 것이라고 진단했지만, 궁극적으로는 결혼 10년 차 부부의 수를 기준으로 시장을 바라본 노무라 금융투자의 분석이 맞았다. 서울 집값이 많이 올랐던 2000년대 초중반에도 이런 분석이 정확하게 맞아떨어진다.

관건은
실수요다

노무라금융투자의 사례처럼 인구와 가구를 기반으로 부동산 시장을 분석하면 비교적 정확히 추세를 파악할 수 있다. 단기적으로는 외부 변수에 흔들려 분석과 다른 양상으로 등락할 수 있지만 장기적인 추세치는 들어맞는 경우가 많다. 주택 구입의 단위는 인구나 가구이기 때문에 수급을 가장 우선시하는 부동산 시장의 향방과도 일치한다.

참여정부 때 찾아온 부동산 시장 상승장은 베이비붐 세대의 중년층 진입으로 벌어진 현상이라는 분석도 이와 일맥상통한다. 우리나라에서 가장 많은 인구인 베이비붐 세대가 결혼 10년 차가 되면서 적극적으로 주택을 구입하기 시작하자 단기간에 집값이 뛰었다는 것이다. 따라서 인구 집단의 부동산 시장 동향 분석에서 가장 중요한 것은 중년층의 인구나 가구가 어느 정도 되는지 파악하는 일이다.

결혼 10년 차 부부 인구를 가지고 부동산 시장을 분석하려는 시도는 일견 참신한 듯 보이지만 사실 기존의 인구통계를 활용하는 방식에서 크게 벗어난 것은 아니다. 부동산 시장의 수요는 '양' '질' '구조' '범위'로 분류된다. 결혼 10년 차 가구는 구조에 해당하는데, 이처럼 연령대별 인구 구조를 가지고 부동산 시장을 분석하는 게 중요한 이유는 부동산 시장의 공급, 특히 부동산 상품의 기획과 생산 과정이 짧지 않기 때문이다.

미래의 인구 구조의 추이를 살펴보는 것은 굉장히 중요하다. 복합적인 변수로 점철된 부동산 시장을 정확히 분석하는 것은 전문 이코노미스트에게도 까다롭지만, 인구통계는 비교적 단순한 해답을 제시해준다.

정부는 부동산 시장이 투기자들의 농간에 놀아난다고 생각하지만 이는 단순히 선후나 비중의 문제다. 궁극적으로는 실수요자들이 부동산 시장을 움직인다. 물론 "내가 하면 투자고 남이 하면 투기다." 라는 말이 있듯이 실수요와 투자 수요를 깔끔하게 구분해내는 것은 불가능하다. 하지만 내집마련에 의미를 둔다면 결혼 10년 차 부부들이 집을 구입하는 것은 실수요에 가깝다.

투기자들이 먼저 시장에 들어갔을 수는 있지만 궁극적으로 내집마련을 원하는 실수요자들이 매입에 동참해야 가격이 오르고 거래량이 늘어난다. 통계도 이를 증명하는데 전국적으로 외지인의 현지 아파트 매입 수요는 약 20% 비중이다. 지방의 비중이 낮고 수도권이 상대적으로 높다. 이를 보면 나머지 80% 이상의 대다수 실수요가 부동산 시장을 움직인다는 논리가 증명된다.

결혼 10년 차 가구, 다시 늘어나고 있다

그럼 2018년부터 줄기 시작한 결혼 10년 차 가구는 앞으로 어떻게 될까? 2018~2019년 줄어든 결혼 10년 차 가구는 2020년부터 다시 크게 증가한다고 한다. 그 증가폭도 만만치 않아서 2006년 이후 최대를 기록할 전망이다.

여기에 불을 지필 변수는 수급이다. 2020년 이후 입주물량이 줄어들면서 수급 여건 또한 개선될 전망이다. 큰 폭의 수요 증가와 큰 폭의 공급 감소가 초래할 결과는 뻔하다. 서울 아파트 상승장은 계속 이어질 가능성이 크다.

콤팩트맨션에
주목하라

국민 평균소득이 3만 달러를 넘어서면서 부동산 시장은 양에서 질로 급격하게 변화해가고 있다. 양에서 질로 변화한다는 말은 무슨 뜻일까? 과거 우리나라 고가 자동차는 모두 크기가 컸는데 크면 비싸다는 인식이 지배했던 시대였기 때문이다. 그러나 수입되는 고가의 외제차를 보면 가격과 크기는 상관이 없음을 알 수 있다. 마세라티와 포르쉐는 크기가 커서 비싼 것이 아니고 작지만 월등한 기능 때문에 비싼 것이다.

시장이 양에서 질로 바뀌고 있다는 말은 규모와 크기 등을 키워서 비싸게 파는 것이 아니라 작더라도 좋은 질로 제품의 경쟁력을 키운다는 의미다. 중장년층 1인 가구가 증가하면서 이런 경향은 더욱 공고해지는 듯하다. 사회가 급속히 다운사이징(효율과 실속을 위해 더 작은 집으로 옮기는 것)을 추구하는 느낌이다.

1인 가구,
아파트를 찾다

통계청이 발표한 자료에 의하면 2018년 1인 가구의 비중은 29.3%다. 2010년 23.9%였던 것을 감안하면 그 증가세가 놀랍다. 이제는 1인 가구가 대표 가구 유형이 되었다. 1인 가구 대부분이 학생이나 사회초년생이라 생각하기 쉽지만 실제로는 중장년층의 1인 가구 증가세가 이어지고 있다. 늦어진 결혼과 이혼이 여기에 한몫했는데, 현재 이들은 다양한 사회 현상을 만들어내고 있다. 주거에서도 1인 가구의 영향력은 작지 않다. 원룸이나 오피스텔은 기본이고 이제 일반 아파트도 이들을 무시할 수 없는 상황이 되었다.

원룸이나 오피스텔은 아무래도 불편하다. 특히 수요자의 연령층이 높거나 자산가인 경우 편의시설이 갖춰지고 안전한 일반 아파트 단지에 거주하고 싶어 한다. 하지만 1인 가구가 거주할 수 있는 아파트는 낡고 오래된, 소위 주공 아파트뿐이다. 이런 아파트는 전국에 널려 있지만 재건축 이슈가 없다면 선뜻 매입하기가 꺼려진다.

1인 가구도 일반 가구와 마찬가지로 새 아파트에 거주하고 싶어

(단위: 만 가구)

구분	2010년	2015년	2016년	2017년	2018년
가구수	414.2	520.3	539.8	561.9	584.9
비중	23.9%	27.2%	27.9%	28.6%	29.3%

자료: 통계청

할 것이다. 하지만 새 아파트 단지에서 1인 가구가 거주할 초소형 아파트를 찾는 것은 하늘에서 별 따기나 다름없다. 그럼에도 불구하고 1인 가구의 아파트 거주 비율은 급격히 늘어나는 중이다.

2000년 18.1%에 불과했던 1인 가구의 아파트 거주 비중은 2018년 29.9%로 무려 11.8%p 늘어났다. 47.2%의 단독주택 거주 비중 다음으로 높다. 하지만 단독주택 거주 비중이 지난 2000년 70.2%에서 급격히 줄어들고 있다는 것을 고려한다면 조만간 아파트가 거주 비중이 가장 높은 거처로 자리매김할 듯하다. 아파트 거주 비중은 특히 65세 이상 연령대에서 가장 높았다.

통계청의 자료에서 특이점을 찾아볼 수 있다. 1인 가구가 1개 방만 사용하는 비중은 2000년 33.1%에서 2015년 27.2%로 감소했으나, 방을 4개 이상 사용하는 비중은 같은 기간 12.2%에서 31.1%로 무려 18.9%p 증가했다는 사실이다. 연령대별로 살펴보면 1개 방을 사용하는 경우는 34세 이하 연령대에서 증가했지만 35세 이상에서는 감소했다. 연령 높은 1인 가구 때문에 이런 결과가 도출되었음을 알 수 있다.

1인 가구 거처 비율

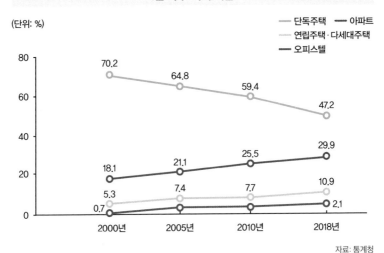

(단위: %)

단독주택 ── 아파트
연립주택·다세대주택
── 오피스텔

80
70.2
64.8
59.4
60
47.2
40
29.9
25.5
21.1
20
18.1
10.9
5.3
7.4
7.7
0.7
2.1
0
2000년   2005년   2010년   2018년

자료: 통계청

반면 4개 이상의 방을 사용하는 경우는 모든 연령대에서 비중이 증가했는데, 특히 55세 이상의 연령대에서 가장 많은 비중을 차지했다. 중장년층 1인 가구가 증가하면서 불편한 원룸이나 오피스텔을 벗어나 아파트로 이사한 것으로 판단된다.

수요의 확장성이 뛰어난
초소형 아파트

1인 가구가 살기에 적당한 초소형 아파트란 일본의 '콤팩트맨션(compact mansion)'에 해당된다. 콤팩트맨션은 전용면적 $30 \sim 50m^2$

일본의 맨션 분류

구분	싱글형	콤팩트형	패밀리형
전용면적	20m²대 이하	30~50m²	50m² 초과

대로 한국의 20평대 아파트보다 작고 원룸보다는 크다. 일본에서는 이보다 적은 맨션은 '싱글형'이라고 부르며 더 큰 경우를 '패밀리형'이라고 한다. 방이 1개 내지는 2개 정도 있는 내부 구조를 가지며, 일본에서 가장 인기 있는 상품이다.

이런 초소형 아파트가 우리나라에 다시 등장한 것은 규제 때문이다. 2005년 5월 분양한 서울 잠실 리센츠에 전용면적 27m² 초소형 아파트가 등장했다. 당시 서울에서 아파트를 재건축할 때 전용면적 60m² 이하 주택을 20% 이상 지어야 한다는 '소형 평형 의무비율' 제도가 있었기 때문이다.

리센츠의 초소형 아파트는 당시 주택 경기가 호황임에도 불구하고 미분양이었다. 이 아파트의 분양가격은 2억 원에 미치지 못했다. '강남 쪽방'이라는 대접을 받았던 이 아파트는 2019년 기준 9억 원을 호가한다. 분양가격을 기준으로 계산하면 5배에 가까운 상승률이다. 동일한 기간 상승률로 따지자면 리센츠의 초소형 아파트를 능가하는 서울 아파트를 찾기 쉽지 않다.

초소형 아파트 가격이 오르는 데는 1인 가구가 가장 크게 기여했다. 하지만 부동산 상품은 수요의 확장성이 크지 않으면 이렇게까지 오를 수 없다. 초소형 아파트의 수요층으로는 1인 가구뿐만 아니라

전용면적 40~50m² 최초 계약자 연령 분포

(단위: %)

구분	30~39세	40~49세	50~59세	60세 이상
비중	8	26	36	30

자료: 대우건설, 건국대학교 산학연구팀

신혼부부를 망라한다. 방이 1~2개 있기 때문에 신혼부부들도 즐겨 찾고 아이가 없는 부부가 거주하기에 크게 불편하지도 않다. 더욱 중요한 사실은 인구수가 많은 베이비붐 세대가 수요의 한 축을 차지한다는 점이다.

대우건설과 건국대학교 산학연구팀이 함께 조사해 발표한 자료에 의하면 초소형 아파트의 거래를 주도하는 연령층은 의외로 에코붐 세대가 아니라 베이비붐 세대였다. 분석 결과 전용면적 40~50m² 초소형 아파트의 66%는 50세 이상이 계약한 것으로 나타났다. 60세 이상의 비중도 무려 30%를 차지했다. 반면 30대는 고작 8%에 불과했다.

시간을 거슬러 올라가면 이런 변화를 더 극명하게 느낄 수 있다. 대우건설의 2004년 조사에 의하면 당시에는 초소형 아파트의 49%를 25~34세 연령층이 계약했으며, 55세 이상의 비중은 9%에 불과했다. 그로부터 10년의 세월이 흘렀지만 베이비붐 세대가 계속 부동산 시장에 머무르면서 투자와 증여 등의 목적으로 초소형 아파트를 구입하기 시작한 것이다.

1인 부동산의 시대가
오고 있다

초소형 아파트를 선호하는 것은 비단 우리만의 현상은 아니다. 집값이 비싸기로 소문난 외국의 주요 도시들도 마찬가지다. 밀레니얼 세대가 도심을 선호하면서 직주근접성이 뛰어난 초소형 아파트는 물건이 없어 팔 수 없는 지경이 되었다.

서울만의 이야기는 아니다. 지방에도 초소형 아파트들이 서서히 등장하고 있다. 재개발·재건축 사업을 통해 1인 가구 수요를 흡수하려는 움직임이 보이고 있다. 부산의 예를 들면 서면과 동래 등 직주근접이 가능하고 주거 환경이 뛰어난 지역의 재개발 아파트에서 드물지 않게 초소형 아파트를 찾아볼 수 있다. 수도권에 비해 아직 찾는 사람은 많지 않지만 향후 투자 수익 또한 나쁘지 않을 것이다.

부산 초소형 아파트 현황

구분	계약면적 (m²)	전용면적 (m²)	총 세대수 (가구)	해당 면적 세대수 (가구)	입주 연도	전철역 소요 시간	분양가 (만 원)
서면 아파트	64.98	42.68	1,971	79	2020년 10월	7분	2억 4천
대연 아파트	73.12	50.96	965	92	2019년 3월	15분	2억 4천
명륜 아파트	67.52	45.93	671	26	2019년 2월	10분	2억 6천

똘똘한 한 채에 대한 수요가 늘어나면서 대형 아파트의 강세가 두드러진 지역도 있지만, 거시적인 관점에서 보면 결국 소형 평형 아파트가 강세를 보일 것이다. 2019년 1인 가구가 전체 가구에서 차지하는 비중은 29.8%로 부부와 자녀로 이루어진 가구의 비중을 처음으로 추월했다고 한다. 2028년이 되면 전국 모든 시도에서 1인 가구가 가장 많아지고, 2047년에는 전국에서 총 37.3%를 차지할 것이라는 예측까지 나왔다. 바야흐로 1인 부동산의 시대가 오고 있다.

소형 평형 시대가 불러온 변화

소형 평형 전성시대다. 전용면적 103~135m² 이상은 찾아보기 어렵고 입주하는 아파트의 대부분은 20~30평형대다. 부동산지인 (www.aptgin.com)에 의하면 2020년 20~30평형대 아파트의 입주 물량 비중은 무려 95.4%라 한다. 10년 전만 하더라도 대형 아파트의 인기가 높았는데 격세지감을 느끼게 한다. 이렇게 소형 아파트의 인기가 계속되면 우리가 활용하는 공간에도 변화가 생길 것이다. 가장 큰 인식의 변화는 공간 개념의 확장일 듯하다.

그동안 우리의 공간 개념은 평면이었다. 단독주택은 2~3층이 흔하지만, 대부분 이런 단독주택에서 생활해본 경험이 길지 않아 공간을 판단하는 기준은 면적으로 한정되었다. 흔히 이야기하는 '○○평'은 수평적인 공간 개념이었고 수직 공간에 대한 개념은 거의 없었다. 획일화된 아파트 평면이 끼친 나쁜 영향이다.

복층이 증가하고
수납 공간이 늘어난다

사람들은 공간에 의해 생각과 행동에 제약을 받는다. 그 공간의 개념이 꼭 수평일 필요는 없다. 평면이 좁더라도 수직 공간을 많이 확보하면 넓은 공간에 있는 것처럼 아주 편안한 기분이 든다. 어쩌면 이동의 대상인 수평 공간보다는 느낌의 대상인 수직 공간이 인간의 감각에 더 큰 영향을 미치는 듯하다.

아파트의 평당 가격이 높아지고 공간의 비용이 늘어나면 자연스럽게 층고가 높아지거나 복층이 등장할 가능성이 크다. 어떻게든 공간을 효율적으로 활용해야 하는데 면적을 늘리면 비용이 엄청나게 커져 자연스럽게 위로 향할 수밖에 없다. 이미 이런 움직임은 상업용 부동산인 오피스텔에서 찾아볼 수 있다. 복층이나 층고를 높여 차별점을 만들어보려는 사업자들이 늘고 있다.

성동구에 들어서는 한 복층형 오피스텔의 경우 가격대가 10억 원을 훌쩍 넘는다. 과거에도 복층 오피스텔은 꽤 있었으나 대부분 불법이었다. 그런데 현재 성동구에 들어서는 오피스텔은 층고가 4m

가 넘는 합법적인 복층이고, 지방자치단체도 여기에 적극 동조하는 분위기다. 세종시는 이미 층고를 기존 아파트보다 10cm 높인 2.4m로 강화했다. 복층이나 층고를 높이는 것을 공급자와 수요자 모두가 원하기 때문이다.

공급자인 오피스텔 사업자로서는 약간의 투자로 예전보다 훨씬 높은 분양가를 받을 수 있고 차별점을 부각해 분양률도 높일 수 있다. 수요자로서도 상대적으로 적은 자금으로 더 넓은 공간을 사용할 수 있다는 매력이 있다. 이렇게 시장에서 수요자와 공급자의 이해관계가 일치하면 양방이 원하는 방향으로 흘러갈 가능성이 크다.

우리나라 사람들은 공간이 좁으면 답답함을 심하게 느낀다. 아마 자연을 마당까지 끌어들이면서 이와 동화되기를 원했던 선조의 DNA를 받아서일지 모른다. 문제는 시간이 지날수록 생활용품이 겹겹이 쌓이고 사용하던 물건들이 늘어나게 된다는 것이다. 하나둘 늘어난 물건들이 어느새 공간을 집어먹고 나중에는 물건과 사람의 지위가 바뀐다. 물건이 사람을 위해 존재하는 것이 아니라 사람이 물건을 위해 존재하는 것처럼 느껴진다. 공간이 좁으면 이런 경향은 훨씬 더 심각해진다.

이제는 부부 간에도 사생활이 필요한 시대다. 여전히 많은 방들이 필요하지만 방들에 물건이 하나둘씩 쌓이면 답답해지는 느낌이 더 강하게 들 것이다. 특히 소득 수준이 높아질수록 피규어, 스킨스쿠버 등 취미로 인해 늘어나는 소품과 장비 등으로 방 하나를 고스란히 내주게 된다.

이런 불편함을 해소하고자 아파트를 분양할 때 지하에 개별 수납 공간인 '세대 창고'를 제공하는 경우가 늘어나고 있다. 지하와 1층을 연결하는 개방형 로비를 설계해 물품을 보관하는 개별 세대 창고를 만든 것이다. 요즘은 세대 창고 여부를 확인하는 모델하우스 방문자까지 있을 정도다.

국내에도 최근 '셀프스토리지(self-storage)' 서비스가 도입되는 중이다. 셀프스토리지는 고객이 원하는 물건을 원하는 보관 장소에 보관하고 365일 따로 시간적인 제약을 받지 않는 도시형 보관 서비스다. 과거 이삿짐 보관 서비스에서 출발한 사업 모델이지만 주거 공간이 점점 좁아지면서 활성화되고 있는 듯하다. 이삿짐 보관 서비스가 도심 외곽에 자리 잡는 것과는 다르게 셀프스토리지 서비스는 도심의 역세권에 도입되어 있다. 향후 이런 추세는 더 강화될 가능성이 크다.

단기 임대와
월세가 늘 것이다

짧게는 1개월, 길게는 3개월 임대하는 초단기 임대 시장이 수익형 부동산의 새로운 트렌드로 떠오르고 있다. 저금리와 소형 주택 공급이 빚어낸 합작품이다. 사실 단기 임대는 과거에도 있었다. 국내 단기 임대 시장은 1990년대 강남구를 중심으로 외국인들을 대상으로 시작되었지만, 이제는 전국적으로 확산되고 다양화되는 모습이다. 단기 임대 현상이 늘어나는 이유는 공간에 대한 비용을 더 크게 인식하는 경향 때문으로 보인다. 아파트의 평당 가격이 높아지고 소형 아파트가 대중화된 원인이 크다.

단기 임대의 목적은 학업 문제가 가장 크다. 중고등학생과 고시생을 대상으로 한 학원 수요가 여전히 가장 많다. 최근에는 국내외 관광객이나 직장인 등 단기 임대의 목적과 대상이 다양화되고 있다. 처음에는 서울 강남 등 특정 지역에 단기 임대의 수요가 집중되었으나 곧 홍대와 노량진 등 여타 서울 지역으로 확산되었다. 이제는 지방으로까지 이러한 흐름이 이어지고 있다.

특정 공간을 계속 사용하는 것이 아닌 경우 과거처럼 1년 단위로 임대 계약을 하기에는 부담스러워 단기간 계약해 공간을 활용하는 추세다. 상업용 공간에도 비슷한 현상이 벌어지고 있는데 월 단위 계약을 하는 공유 오피스나 심지어 시간 단위로 활용하는 모임 전문 공간도 생겼다. 이러한 공간 이용을 새로운 비즈니스로 받아들이지만, 사실 아파트 임대차와 크게 다르지 않다. 공간과 시간이 수요자의 목적과 만나 임대차 계약이 다양화되었고 궁극적으로는 공간이 유연해지는 현상이 생겨났다.

전월세 시장에도 변화가 생기는 중이다. 아파트의 평당 가격이 높아지고 소형 아파트 전성시대가 도래하면서 공간의 개념에도 변화가 생겼는데, 이런 변화의 가장 중요한 원인은 비용이다. 어떻게 하면 비용을 절약하고 효율적으로 공간을 활용할 것인가에 대한 고민이 반영된 것이다. 이런 변화는 앞으로 더욱 강화될 가능성이 크다. 전세에서 월세로 조금씩 바뀌어가는 우리의 임대차 계약 방식 때문이다. 여전히 전세가 압도적이고 월세도 보증부 월세라는 개념으로 보증금을 높게 가져가기 때문에 변화는 더디지만, 작금의 임대차 방식은 점점 더 월세의 비중이 늘어나는 방향으로 바뀔 것이다.

지금 투자해도
손해 보지 않는 아파트

서울을 중심으로 부동산 시장이 살아날 기미가 보이고 있지만 이를 전국으로 확대하면 아직 먹구름은 짙다. 미중 무역전쟁 등 호재는 없고 악재만 산적한 꼴이다. 부동산 폭락론에 동조하는 사람들이 많아지고, 정말 조금만 더 지나면 아파트 가격이 폭락할 것만 같다는 생각이 든다. 멈추고 지켜보는 것이 좋을까, 아니면 계속 움직여야 할까? 투자자들의 고민이 깊어지는 시기다.

하지만 과거의 사례를 생각해보면 무작정 가만히 있는 것이 대안은 아니다. 2013년 무렵 부동산 대폭락의 시대가 온다고 소리치는 전문가들이 많았다. 그들을 믿고 기다렸던 사람들은 지금 엄청난 상실감에 사로잡혀 있을 것이다.

어느 시점이나 좋은 투자 상품은 존재한다. 본인이 가진 자금력에 맞는 좋은 상품을 만나면 시황이 어려워도 성공적인 투자가 가능하다. 특히 현명한 투자자들은 대중과 정반대로 움직인다. 그들은 시장이 공포에 사로잡혀 있을 때 좋은 급매물을 찾아다니고, 너도나도 부동산 투자에 뛰어드는 상승장의 끝물에 시장을 빠져나온다.

규제 지역의
분양 아파트를 노려라

2019년 11월 6일 민간택지 분양가 상한제가 본격적으로 시행되었다. 사실 그동안에도 분양보증을 공기업인 주택도시보증공사에서 독점했기 때문에 실질적으로는 민간택지 분양가 상한제가 적용되는 중이었다.

최근 입주하는 아파트들의 프리미엄이 많이 오른 데는 아파트 매매가격 자체가 오른 요인도 있지만 근본적으로 분양가를 억눌렀기 때문이다. 경쟁자도 많이 줄었다. 금융결제원의 자료에 의하면 8·2 대책이 발표된 이후 청약통장 1순위 가입자는 전국적으로 8% 가까이 줄었으며 서울은 무려 24.65%나 줄었다. 청약 규제가 강화되면서 실수요자들의 분양권 당첨 확률 또한 커졌다는 뜻이다.

여기에 더해 아파트 분양물량도 풍성해질 예정이다. 재개발·재건

지역	2017년 7월 말	2019년 7월 말	차이	감소율
전국	1,325만 692명	1,219만 769명	-105만 9,923명	-8.00%
서울	385만 3,022명	290만 3,085명	-94만 9,937명	-24.65%

자료: 금융결제원

축 아파트는 6개월 유예기간을 거쳐 2020년 4월 29일 이후 입주자 모집공고를 신청한 단지부터 분양가 상한제가 적용되는데, 그 이전에 분양 가능한 단지들이 분양에 나설 것으로 예상된다.

부동산 시장이 조정기에 들어서면 수요가 줄어들기 때문에 좋은 상품이 외면받는 경우가 이따금 생긴다. 특히 청약제도가 복잡해지면서 부적격자 또한 많이 늘었다. 우리나라의 청약제도는 지난 40년간 140번가량 바뀔 정도로 누더기가 된 지 오래인데, 국토교통부에 따르면 지난 5년간 청약 부적격 당첨자는 14만 7천 명에 이른다고 한다.

서울의 미분양은 장기적으로 알짜 부동산으로 탈바꿈할 가능성이 크다. 고령화와 저금리는 서울, 특히 도심의 수요를 증가시킬 것이다. 새 아파트에 대한 기대 또한 과거에 비해 높아졌다. 서울의 미분양은 분양가도 저렴하고 좋은 위치일 가능성이 크며 생활 인프라도 문제없다. 향후 가격 상승이 담보되어 있으므로, 청약 경쟁률이 10:1 이내인 단지들은 발품을 팔아볼 필요가 생겼다.

규제 지역의
중대형 및 초소형

공급자와 수요자의 시선이 중소형 아파트로 쏠리자 되레 찬밥 신세였던 중대형 아파트가 주목받고 있다. 한국감정원에 의하면 2017년 1월부터 2019년 8월 사이 전국의 아파트 매매가격은 대형이 가장 많이 올랐으며 소형이 가장 적게 올랐다. 전용면적 40~60m² 아파트의 매매가격은 3.45% 하락한 반면에 전용면적 135m²를 초과하는 아파트의 매매가격은 무려 4.44%나 올랐다. 이는 수도권과 지방 모두 마찬가지였지만, 수도권보다는 지방의 아파트들이 규모별로 훨씬 더 많은 차이를 보였다.

그동안 중대형 아파트를 괴롭혔던 미분양도 빠르게 감소 중이다. 이처럼 중대형 아파트가 선전하는 이유는 무엇일까? 수급에 문제가 생겼기 때문이다. 평형 간 아파트 가격 차이가 줄어들면서 중대형을

2017년 1월~2019년 8월 전국 아파트 규모별 상승률

(단위: %)

전용면적	40~60m²	60~85m²	85~102m²	102~135m²	135m² 초과
전국	-3.45	-0.53	3.42	2.64	4.44
수도권	3.54	4.90	5.42	5.48	5.57
지방	-8.82	-5.22	-0.31	-1.16	2.49

자료: 한국감정원

찾는 수요는 늘었지만 공급이 이를 뒷받침하지 못했다. 다주택자 양도소득세 중과 등 정부의 규제도 한몫했다. 똑똑한 한 채에 대한 선호가 늘고, 세대 구분 리모델링이 허용되고, 합가가 늘어나는 등 여러 요인으로 중대형의 활용 가치가 증가하고 있다.

중대형 아파트는 수급에 문제가 생겼지만, 초소형 아파트는 공급 자체가 거의 없다. 재건축 사업 규제로 인해 공급된 물량을 제외하면 찾아보기 어렵다. 10평대의 아파트로 방 1~2개에 화장실이 1개 있는 내부 구조가 일반적이다. 송파 헬리오시티 전용면적 39m²의 가격 상승은 놀랍다. 2017년 9월 7억 원대에서 2019년 10월 기준으로 호가가 12억 원대까지 올랐다. 안타깝게도 이마저 매물이 몇 개 없어 공급자 중심의 시장이 형성된 상태다.

강남만이 아니라 강북도 마찬가지다. 왕십리뉴타운의 센트라스 전용면적 40m²는 2019년 10월 기준 보증금 5천만 원, 월세 130만 원을 받을 수 있다. 분양가 3억 3천만 원을 적용하면 수익률이 무려 5.6%에 이른다. 매물도 거의 없다.

초소형 아파트의 인기는 인구 구조, 즉 수요와 밀접하게 관련 있다. 1~2인 가구 중심으로 주택 수요가 재편되면서 소형 아파트를 찾는 세대가 늘었다. 서울은 20평대 아파트의 매매가격이 10억 원을 넘어가는 지역이 속출하고 있어 좀 더 저렴한 상품을 찾는 수요가 늘어나게 되었고, 초소형 아파트가 주목받게 되었다. 초소형 아파트는 월세 임대차가 원활해 투자 수요자에게도 매력적이다.

유의해야 할 점은 초소형 아파트 중에서도 면적이 좀 더 큰 상품이 더 경쟁력 있다는 것이다. 임대료가 주변 시세보다 저렴한 신혼 희망타운과 청년임대주택 등 공공 임대주택과 경쟁을 해야 하기 때문에 면적이 작고 분리되지 않은 원룸형은 힘들어질 수 있다. 적어도 방 1개가 있는 상품이 매력적이다. 그렇지 않으면 사실 오피스텔과 큰 차이가 없다. 특히나 원룸보다 좀 더 큰 물건은 신혼부부나 중장년층 1인 가구까지 흡수할 수 있기 때문에 수요의 확장성 측면에서 뛰어난 상품이다. 최근에는 지방 도심에도 초소형 아파트의 분양이 늘고 있어 관심을 가져볼 만하다.

아파트와 함께 있는 오피스텔도 좋다

마지막으로 아파트는 아니지만 특정 조건이 충족된 오피스텔 역시 투자성이 좋다. 원래 서울의 상업 지역에서 아파트를 지을 때는 전체 건축 연면적의 30%를 비주거시설로 채워야 한다. 2017년 6월 조례가 개정되면서 2018년 1월부터 오피스텔이 비주거시설에서 제외되었다. 조례 개정으로 인해 오피스텔을 주거 쪽에 포함해야 하지만, 상대적으로 분양가를 높게 받을 수 있고 분양도 잘되는 아파트를 줄이고 여기에 오피스텔을 포함하는 경우는 없을 것이다.

여의도 공작 아파트 재건축 사업은 기존 오피스텔 건립 계획을 포기하고 취사와 숙박을 할 수 있는 455실의 생활숙박시설을 대안

공작 아파트 주택 재건축 사업 개요

구분	변경 전	변경 후
주거시설	공동주택 636가구 오피스텔 386실	공동주택 634가구
비주거시설	오피스(5,304m²) 판매시설(8,353m²)	생활숙박시설 455실 업무시설(2,080m²) 판매시설(4,108m²)

으로 내놓았다. 아직 도시계획위원회 심사를 통과해야 하지만 재건축 사업에 느닷없이 호텔이 등장하게 되었다.

예전부터 1개 동짜리 오피스텔은 인기가 없었다. 나홀로 아파트와 유사한 이유라고 생각하면 된다. 아파트와 함께 있는 오피스텔은 장점이 많아 상대적으로 상품성이 좋다. 아파트의 편의시설을 함께 활용할 수 있고 주차대수도 세대당 1대가 넘는 곳이 많다. 그러나 서울시의 조례가 바뀌면서 이제는 아파트와 함께 있는 오피스텔을 찾기가 어려워질 것이다.

아파트와 함께 있는 오피스텔은 보안에 유리하다는 게 가장 큰 장점이다. 실제로 아파트와 함께 있는 오피스텔의 경우 세입자의 대부분이 여성들이다. 아파트와 함께 있는 오피스텔의 공급이 줄어드는 기조가 이어진다면 이 상품의 자산가치는 더욱 높아질 수밖에 없다. 지금부터라도 아파트와 함께 있는 오피스텔을 찾아다녀야 할 것이다.

결국 분양이
답이다

"그냥 서울 아파트 분양받으세요." 가끔 주변 지인들이 부동산 투자 상담을 요청하면 이렇게 권한다. 8·2 대책, 9·13 대책, 10·1 대책, 12·16 대책 등 정부의 부동산 규제가 계속되면서 부동산 시장의 전망이 안갯속이다. 한마디로 불확실성이 극대화된 상황이다. 이렇게 자산 시장에 불확실성이 높아지면 수익성보다는 안정성을 중시하는 투자가 바람직하다. 불확실성과 리스크(위험)는 함께 움직이는 변수이기 때문이다.

그렇다면 현재 가장 안전한 부동산 상품은 무엇일까? 당연히 신규로 분양하는 서울 아파트가 가장 안전하다. 분양가와 기존 아파트 시세 간 격차가 벌어지면서 일단 분양에 당첨되면 자연스레 프리미엄이 보장된다. 그래서 분양권 투자는 굉장히 안정적이다. 분양가를 억누르면 억누를수록 프리미엄은 커질 수밖에 없다. 다음은 〈연합뉴스〉의 2019년 12월 16일 기사다.

서울 강남 등 8개 구, 27개 동에 한정했던 민간택지 분양가 상한제 대상 지역이 서울은 물론 수도권으로 대폭 확대된다. 국토교통부는 12·16 대책에서 분양가 상한제 대상 지역을 서울 강남·서초·송파· 강동, 마포·용산·성수·영등포, 동작·양천·서대문·중·광진 등 13개 구의 전체 동과 도시정비사업 이슈가 있는 강서·노원·동대문·성북·은

평구 등 서울 5개 구 내 37개 동을 상한제 대상 지역으로 추가 지정했다. 수도권에서 집값 상승을 주도한 과천·광명·하남시의 총 13개 동도 상한제 대상에 포함했다.

12·16 대책으로 분양가는 더더욱 억눌리게 되었다. 분양가는 미래의 위험 프리미엄을 반영하기 때문에 기존 시세보다 10% 내외 높은 것이 정상이다. 하지만 현재 서울의 분양가는 규제로 인해 기존 시세보다 도리어 10% 이상 낮게 책정되고 있다. 이럴 때는 안정적인 분양 시장에 적극적으로 참여하는 것이 가장 바람직한 투자방법이다.

정부에서 규제를 강하게 하면 조정의 폭은 줄어들고 상승기가 더 빨리 올 수 있다. '규제가 강해지면 반대로 더 떨어지는 것 아닌가?'라고 생각할 수 있지만, 규제가 쏟아질수록 시장의 회복이 빠른 이유는 규제책이 나올 때마다 거래 가능한 아파트가 없어지기 때문이다. 이번 장에서는 과거의 사례를 통해 2020년 이후 서울 아파트 시장의 미래를 예측해보겠다.

4장

규제 속에서도
서울 아파트는
상승한다

12·16 대책
전격 해부 및 대응 전략

12·16 대책이 기습적으로 발표되면서 부동산 시장이 혼란에 빠졌다. 하지만 상황을 보면 안타깝게도 이번에 발표된 규제책도 서울 아파트의 기세를 누그러뜨리기는 어려울 듯하다. 강력한 규제로 거래와 가격을 조정하겠다는 정부의 목표는 이루기 힘들어 보인다.

이번에 발표된 대책의 핵심은 금융 규제를 강화해 강남 등에 소재한 고가 아파트의 신규 매수를 억제하는 데 있다. 주택담보대출비율(LTV) 규제를 더욱 강화하는 한편 주택담보대출자의 신용대출 이용도 차단했다. 아울러 전체 대출 증가에서 가장 큰 비중을 차지하는 전세대출 규제를 강화한 점이 눈에 띈다.

12·16 대책 주요 사안

대책의 목표	대책 내용
투기적 대출 수요 규제 강화	투기지역·투기과열지구 주택담보대출 관리 강화, 전세대출을 이용한 갭투자 방지
주택 보유 부담 강화 및 양도소득세 제도 보완	공정과세 원칙에 부합하는 주택 보유 부담 강화, 실수요자 중심의 양도소득세 제도 보완
투명하고 공정한 거래 질서 확립	민간택지 분양가 상한제 적용 지역 확대, 시장 거래 질서 조사 체계 강화, 공정한 청약 질서 확립, 임대 등록 제도 보완
실수요자를 위한 공급 확대	서울 도심 내 공급의 차질 없는 추진, 수도권 30만 호 공급 계획의 조속한 추진, 관리처분인가 이후 단계 정비사업 추진 지원, 가로주택정비사업 활성화를 위한 제도 개선, 준공업 지역 관련 제도 개선

자료: 국토교통부, 키움증권

시장의 반응을 보면 정부의 의도와는 달리 이번 대책의 효과 또한 한시적일 것으로 예상된다. 그 이유는 첫 번째, 대부분의 대출 규제가 실수요자들의 주택 매입을 어렵게 만드는 방향이기 때문이다. 하지만 강남 등 고가 아파트 시장에서는 주택담보대출을 활용하는 실수요자들이 많지 않아 영향은 제한적이다. 두 번째, 전세 보증금과 신용대출 등 투자 용도로 활용될 수 있는 다양한 레버리지 수단을 규제하고 있지 않다. 투자자들은 이런 규제의 허점을 이용해 새로운 투자 방식을 이용할 것이다.

세 번째, 전셋값의 가파른 상승세가 지속되면서 갭투자가 가능한 여건이 다시금 형성될 수 있다. 한국감정원에 따르면 2019년

(단위: %)

지역별	서울 전체	강남구	양천구	송파구	용산구
전셋값 상승률	0.18	0.51	0.43	0.30	0.23

자료: 한국감정원

12월 16일 기준으로 서울 아파트 전셋값은 지난주 대비 0.18% 올랐다고 한다. 지난주 0.14%보다 오름폭이 커지면서 주간 기준으로는 2015년 11월 23일 조사 이후 4년 1개월 만에 최대 상승폭을 보였다. 강남구는 무려 0.51% 올랐는데, 전셋값이 올라가면 다주택자들은 전세 보증금을 이용해 쉽게 투자 재원을 마련할 수 있다.

마지막 네 번째, 9억 원 이하 또는 수도권 및 지방 아파트의 경우 별다른 규제를 하지 않았다는 점이 호재로 작용하게 될 것으로 보인다. 이들을 중심으로 새로운 상승 동력이 마련될 수 있다.

효과를 보기 어려운
12·16 대책

12·16 대책으로 가장 큰 피해를 입은 매물은 15억 원 초과 아파트다. 기존 고가 주택의 기준은 9억 원이었는데, 15억 원이 넘는 아파트를 초고가 아파트로 규정해 은행 대출을 제한했기 때문이다. 금액

대별로 투자의 제한을 두면 그 금액대가 새로운 심리적 저지선이 되어 시장에 영향을 미치게 된다. 그동안 강북 아파트나 지방 아파트의 심리적 저지선은 10억 원이었지만, 서울 강북은 이미 이 심리적 저지선을 넘어섰다. 15억 원 역시 새로운 심리적 저지선이 되어 목표가를 넘어서거나 근접하기 위한 움직임을 보일 수 있다.

마포구의 마포래미안푸르지오는 2017년 10월 처음 10억 원을 넘어선 후 2019년 8월에는 16억 5천만 원에 거래되었다. 2년도 안 되는 기간에 다시 20억 원을 심리적 저지선으로 두고 상승 중인 것이다. 지방도 마찬가지다. 2019년 11월 대전 유성구 도룡SK뷰가 10억 1천만 원에 거래되고, 대구 수성구의 수성퀸즈드림이 10억 원에 거래되면서 지방 대도시 선도 아파트들도 10억 원의 심리적 저지선을 넘어섰다. 조정대상지역에서 해제된 부산이 본격적인 가격 상승을 하면서 지방 아파트의 '10억 시대'도 멀지 않아 보인다.

9억 원 이하 아파트에 대한 규제가 없다면 9억 원 이하 아파트가 다시 주목받을 가능성이 크다. 투자자들은 9억 원 이하 아파트를 집중적으로 매입해 시세를 9억 원에 가깝게 올려놓을 것이다. 15억 원 또한 심리적 저지선으로 작용해 12억~13억 원가량의 아파트들 역시 15억 원 가까이 오를 가능성이 높다.

12월 24일 KB국민은행의 조사에 의하면 9억 원 이하 아파트의 서울 내 비중은 62.9%나 된다고 한다. 영등포구(65.8%)에 가장 많이 몰려 있으며 강동구(59.2%)·종로구(58.0%)·동작구(55.1%) 등에 많이 포진해 있다. 의외로 강동구의 많은 아파트들이 9억 원 이하

서울 아파트 가격대별 비율

(단위: %)

15.5	21.6	62.9
15억 원 이상	9억~15억 원	9억 원 이하

자료: KB국민은행

서울 내 9억 원 이하 아파트 비중 높은 구(2019년 12월 24일 기준)

(단위: %)

지역별	영등포구	강동구	종로구	동작구	중구
비중	65.8	59.2	58.0	55.1	52.2

자료: KB국민은행

에 머물러 있고, 최근 입주물량 역시 증가하고 있어 가장 큰 수혜가 예상된다.

과거와 달리 아파트 입주가 끝나면 오히려 가격이 오르는 현상이 일어나는데, 송파구의 헬리오시티가 대표 사례다. 헬리오시티는 입주 시점 약세를 보였던 전셋값이 빠르게 회복되며 매매가격까지 상승세를 보였다. 새 아파트에 대한 사람들의 선호가 그만큼 크다는 방증이다. 이 사례는 '헬리오시티 학습효과'로 불리며 강동구 전세 시장에도 영향을 주었는데, 강동구 고덕동의 새 아파트 주민들은 가격 상승을 기대하며 초기부터 전셋값을 저렴하게 설정하지 않으려 했다.

9억 원 초과~15억 원 이하 아파트는 최근 가격이 급등한 일명

'마용성(마포구·용산구·성동구)'과 강남권이 가까운 광진구·동작구 등지에 집중되어 있다. 성동구(56.1%)·광진구(52.9%)·중구(46.1%)·마포구(45.4%)·용산구(45.2%)·동작구(43.4%) 순으로 비중이 높다.

12·16 대책에 어떻게
대응해야 할까?

15억 원 초과 아파트는 대부분 강남3구에 몰려 있다. 강남3구의 비중은 무려 77%다. 15억 원 초과 아파트는 12·16 대책으로 가장 큰 타격을 받을 것이라는 전망에도 불구하고 전국 아파트 중 2.5%에 불과한 수준이어서 주택 시장에 미치는 영향이 크지 않을 것으로 보인다. 더 유심히 살펴봐야 할 물건은 경기권과 지방의 15억 원 초과 아파트다. 경기권의 비중은 3.2%에 불과하지만 15억 원이 넘더라도 대출 규제가 없는 지역은 관심을 가질 필요가 있다. 지방도 마찬가지다. 그동안 강남권 아파트와의 가격 격차가 벌어진 상태여서 최근 조정대상지역에서 해제된 부산 역시 눈여겨볼 만하다.

규제 지역이라면 12·16 대책의 반사 이익이 기대되는 9억~15억 원 구간 아파트 매수를 적극적으로 검토할 필요가 있다. 정부가 정해준 심리적 저지선, 즉 15억 원이 새로운 상한선이 되면서 실수요가 풍부한 지역일수록 상한선까지 가격이 빠르게 뛸 가능성이 높아졌다. 이 구간대 아파트를 매수하고자 한다면 적극적으로 가격 동향을 모니터링하기 바란다.

조정대상지역 6억~9억 원 이하 아파트는 이번 조치에도 이전과 달라지는 부분이 없으므로 매수 계획이 있었다면 그대로 진행하는 것이 좋다. 또한 기존에는 규제 지역에서 1주택 세대가 신규 주택을 구입하기 위해 주택담보대출을 받으면 2년 이내에 기존 주택을 처분해야 했지만, 12·16 대책으로 이 기한이 축소되면서 1년 내 기존 주택을 처분하지 않으면 양도소득세 중과에 해당될 수 있게 되었다. 조정대상지역에 투자할 생각이라면 분양권 및 입주권이 주택 수에 포함된다는 점을 유의해야 한다.

실수요자라면 청약통장을 활용해 신규 분양하는 아파트를 적극 공략하는 전략이 최선이다. "전생에 나라를 구해야 서울 아파트 분양에 당첨될 수 있다."라는 우스갯소리도 들리지만 대내외적인 불확실성이 큰 현재로선 가장 안정적이고 확실한 전략이다. 청약 점수가 60점이 넘는다면 강남이나 도심권 신규 분양을 노리고, 그 이하라면 수도권과 3기 신도시를 분양받는 것도 좋은 대안이 될 수 있다.

특히 3기 신도시 초기에 분양될 시범단지는 일산과 분당의 사례에서 보았듯이 분양가가 저렴하고 미분양 가능성도 있어 가성비가 좋다. 향후 입주 후 가격이 가장 높게 상승할 여지가 있기 때문에 시범단지 분양을 노리는 전략이 유효해 보인다.

부동산 규제 시대, 2020 부동산의 미래

서울 아파트 시장은 호황을 누리고 있지만 지방의 상황은 정중동이다. 2017년 말부터 2018년 초까지 엄청난 기세로 상승했던 서울 아파트 매매가격은 잠시 주춤한 상태지만 여전히 상승세를 보이고 있다. KB국민은행의 매년 8월 기준 지역별 아파트 중위가격 통계의 흐름을 보면 양극화 현상이 점점 심해지고 있다는 것을 알 수 있다. 지방의 공인중개사들은 집값을 문의하는 손님들의 발길이 뚝 끊겼다며 한숨을 쉬고 있다.

과거의 사례를 살펴보자. 2001년부터 강남 재건축을 중심으로 이루어졌던 아파트 매매가격 상승은 2003년 말부터 잠깐 쉬어가는 시

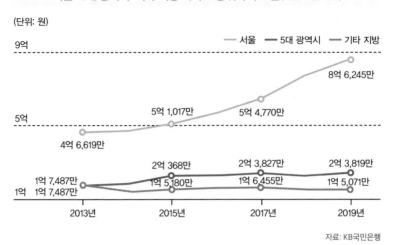

(단위: 원)

9억

── 서울 ── 5대 광역시 ── 기타 지방

8억 6,245만

5억 1,017만   5억 4,770만

5억

4억 6,619만

2억 368만   2억 3,827만   2억 3,819만

1억 7,487만   1억 5,180만   1억 6,455만   1억 5,071만
1억 1억 7,487만

2013년   2015년   2017년   2019년

자료: KB국민은행

간을 보냈다. 한국감정원에 의하면 2004년 전국 아파트 매매가격 상
승률은 −0.61%로 마이너스를 보이기까지 했다. 하지만 2004년의
가격 하락은 오래가지 못했고, 2005년부터 다시 급격한 상승장이 시
작된다. 2001년부터 시작된 가격 상승을 전반기라고 한다면 2005년
부터 다시 시작된 가격 상승은 하반기라고 볼 수 있다.

　과거의 사례를 보면 현재와 매우 유사하다는 것을 알 수 있다.
2001년 부동산 시장이 IMF 외환위기의 그늘을 벗어나 다시 회복되

2004년 수도권 아파트 매매가격 변동률

(단위: %)

지역별	전국	서울	경기	인천
매매가격 변동률	-0.61	-0.95	-3.55	-2.48

자료: 한국감정원

면서 주택 사업자들은 분양을 대폭 늘렸다. 지금도 마찬가지지만 안타깝게도 서울 내에서는 더이상 공급을 늘릴 수 있는 방법이 없어 물량의 대부분은 수도권에서 나왔다.

2004년의 하락은 2001년 늘어난 분양물량으로 설명할 수 있다. 이 분양물량의 입주가 시작된 시점이 3년 후인 2004년이기 때문이다. 물론 규제의 영향도 작용했다. 공교롭게 그때도 지금도 모두 진보정권이 집권하던 시기였고, 2~3년 아파트 가격이 오르자 정부에서는 규제 강화라는 칼을 빼들었다.

공급이 늘어나고 규제가 시장에 영향을 미치면서 불확실성이 차츰 커지자 가격이 하락하기 시작했다. 하지만 이때는 '하락기'라는 표현보다는 '조정기'라는 표현이 더 적절하다. 2005년부터 다시 본격적인 상승기로 접어들었기 때문이다. 2019년에 발표된 18번째 규제책인 12·16 대책이 설사 효과를 발휘해 서울 아파트 시장이 잠시 주춤한다고 해도 2004년과 비슷할 가능성이 크다.

과거를 알면
미래가 보인다

그렇다면 2005년부터 수도권 아파트는 왜 다시 올랐을까? 그리고 어디가 특히 많이 올랐을까? 2005년부터 수도권 외곽에서 전세 매물들이 자취를 감추었다. 전세 계약의 한 주기인 2년이 지나면 이전보다 생활 인프라가 더 많이 구축되고 주변 지역에서 이전해 오려는 수요가 더해지면서 전셋값이 오른다. 전셋값이 오르면 매물이 사라지고 매매가격 또한 서서히 오르게 되는데, 전셋값이 받쳐주니 적은 비용으로 레버리지 투자가 가능해져 갭투자를 하려는 투자자들이 다시 몰려든다.

2005년 하반기에는 서울 도심보다 수도권의 가격 상승이 높게 나타났다. 그동안 도심에 비해 수도권은 오름폭이 낮았고 심지어 대부분 가격 조정을 더 심하게 받았기 때문이다. 2004년 서울의 아파트 매매가격이 0.95% 하락할 때 경기도는 3.55% 하락해 4배 가까운 하락률을 보였다. 이런 상황 속에서 수도권이 서울을 향해 본격적인 키 맞추기를 한 것이다.

실제 통계를 보더라도 이런 현상이 잘 나타난다. 2002년에는 강남3구의 가격 상승이 고양·용인·안양과 같은 신도시보다 높았으나, 2006년 하반기에는 고양·용인·안양의 가격 상승률이 강남3구를 압도했다. 당시 한동안 소외되었던 외곽의 아파트들이 전셋값 상승으로 인해 본격적인 상승기에 접어들게 되었다.

그렇다면 2020년 이후에도 2006년과 비슷한 일이 벌어질까? 그때와 크게 달라진 측면이 없기 때문에 비슷한 흐름이 이어질 것으로 예상한다. 2018~2019년 잠시 상승세가 주춤했던 수도권과 가격 상승이 지지부진했던 지방은 과거 2004년과 마찬가지로 조정기라 볼 수 있다. 지난 2015년부터 2017년까지 3년간 매매가격이 많이 올랐고, 수도권을 중심으로 입주물량 또한 크게 늘어났다. 정부의 규제 역시 그때와 마찬가지로 강력하다. 다른 대내외적인 변수가 작용하지 않는다면 2020년 이후 다시 상승장이 도래할 가능성이 크다. 그리고 2022년 이후까지도 이러한 가격 상승이 이어질 것이다.

하지만 조정의 폭과 기간은 달라질 수 있다. 변수는 정부의 규제 강도다. 정부에서 규제를 강하게 하면 조정의 폭은 줄어들고 상승기가 더 빨리 올 수 있다. '규제가 강해지면 반대로 더 떨어지는 것 아닌가?'라고 생각할 수 있지만, 규제가 쏟아질수록 시장의 회복이 빠른 이유는 규제책이 나올 때마다 거래 가능한 아파트가 없어지기 때문이다.

규제책은 주로 주거선호 지역을 대상으로 한다. 그것도 현재 수요가 몰리는 지역의 새 아파트가 주요 대상이다. 전매 제한, 대출 규제로 거래 가능한 아파트는 극소수에 불과하고, 여기에 양도소득세 중과까지 적용되기 때문에 자발적인 매물도 사라질 것이다. 이런 이유로 조정기가 더 빨리 끝날 수도 있다.

아파트 가격이
오를 수밖에 없는 이유

과거와 다른 세 가지 점들이 조정기가 더 빨리 끝날 수 있다는 예측에 힘을 싣는다. 첫 번째는 새 아파트에 대한 수요다. 에코붐 세대가 분양 시장의 주류 세력으로 자리 잡으면서 새 아파트에 대한 수요는 엄청나졌다. 대부분의 전매 제한은 에코붐 세대가 살기 원하는 지역에 집중되고 있고, 따라서 용수철효과가 더 크게 발생할 가능성이 높다.

두 번째 이유는 현재 문재인 정부에서 쓸 수 있는 정책이 별로 남아 있지 않다는 점이다. 참여정부는 '세금 강화→전매 제한→금융 규제' 등의 순서로 규제의 강도를 높였다. 하지만 문재인 정부는 초반에 이 세 가지 규제를 모두 사용했다. 포커게임에서 패를 들켜버린 꼴이다. 실제로 세 가지 규제를 모두 사용했음에도 불구하고 서울 아파트 매매가격은 2019년 7월 이후 12월까지 27주 연속 상승했다. 물론 12·16 대책이 발표된 다음에는 오름폭이 다소 둔화된 모습이다. 과거 9·13 대책 이후 서울 아파트 매매가격 상승폭이 약 두 달간 줄어들다 11월부터 하락했듯이 이번에도 그때와 비슷한 흐름을 보일 수 있다. 하지만 강력해진 대출 규제로 인해 추가 매수가 어려워진만큼 퇴로가 막힌 매도자들이 버티기에 들어간다면 가격 조정이 미미할 수 있다.

세 번째는 가장 강력한 정책 수단인 공급을 재개하기 힘들다는 점이다. 공공택지가 많이 남아 있지 않고 이마저도 대부분 수도권 외곽이다. 과천과 하남 등 수요자들이 선호하는 지역은 현재 보유한 공공택지의 10%인 5만 호 수준이며 대부분이 그린벨트로 묶여 있다. 이명박 정부와 박근혜 정부 때는 이 그린벨트를 풀어 서울 근교 노른자 위 땅에 아파트를 대규모로 공급했지만, 문재인 정부에서는 이런 식의 그린벨트 해제가 힘들 것이다. 정권의 철학적 기반과도 맞지 않고 주요 지지층인 시민단체의 눈치를 봐야 하기 때문이다. 보유세를 제외하면 별다른 대책이 없는 문재인 정부가 어떤 수단을 동원할지 벌써 궁금하다.

2019년에 발표된 18번째 규제책인
12·16 대책이 설사 효과를 발휘해
서울 아파트 시장이 잠시 주춤한다고 해도
2004년과 비슷할 가능성이 크다.

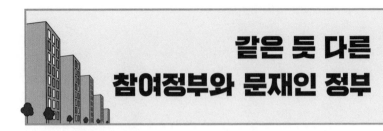

같은 듯 다른
참여정부와 문재인 정부

'참여정부 시즌2'로 시작한 문재인 정부는 집권한 후 2019년 12월 기준으로 벌써 18번째 부동산 대책을 쏟아냈다. 문재인 정부의 부동산 정책 기조가 참여정부와 닮은꼴이라는 말들이 많은데, 어쩌면 당연한 일인지도 모르겠다. 문재인 정부 내 정책 담당자 상당수가 참여정부 시절의 인사들이기 때문이다. 하지만 자세히 들여다보면 참여정부와 문재인 정부의 부동산 정책이 서로 닮은 듯 다르다는 것을 알 수 있다. 유사한 정책이지만 그 내용과 강도, 그리고 발표 시기 또한 다르다. 어쩌면 부동산을 바라보는 정권의 철학적 기반도 마냥 일치하지는 않는 듯싶다.

참여정부의 주요 부동산 정책

시기		내용
2003년	10월 29일	종합부동산세 도입, 다주택 양도소득세 강화, LTV 규제 강화
2005년	8월 31일	양도소득세 강화, 실거래가 신고 의무화
2006년	3월 3일	DTI 도입, 재건축부담금제 의무화
2006년	11월 15일	LTV 규제 강화
2007년	1월 11일	청약 가점제 시행, 민간택지 분양가 인하

자료: 땅집고

문재인 정부의 주요 부동산 정책

시기		내용
2017년	6월 19일	대출 규제 조정대상지역 확대, LTV·DTI 비율 축소
2017년	8월 2일	서울 전 지역 및 경기 과천·세종시 투기과열지구 지정, 강남4구 등 서울 11개 구 투기지역 지정, 다주택자 양도소득세 중과 발표
2017년	10월 24일	중도금 대출 한도 축소, 신DTI 및 DSR 단계적 도입
2017년	12월 13일	다주택자 주택임대사업자 등록 시 양도소득세 중과세 배제, 건강보험료 인하
2017년	2월 22일	안전진단 평가 구조 안정성 비중 50%로 확대, '조건부 재건축'은 공공기관 재검증

자료: 파이낸셜뉴스

부동산 정책은 정치 행위다. 문재인 정부의 주요 정책을 보면 2006년 참여정부 시절의 정책과 상당히 유사하다. 부동산과 정치가 얼마나 가까운지는 선거 때마다 등장하는 개발 공약을 보면 알 수 있다. 간접적인 정책 수단을 사용하는 선진국과는 다르게 한국 정부는 여전히 부동산 시장에 직접 개입한다.

특정 지역의 부동산 가격을 조정하기 위해 정책을 입안하고 실행하는 일 또한 다반사다. 그만큼 부동산 정책의 영향력이 커질 수 있다는 뜻으로, 국내 부동산 시장을 예측하기 위해서는 부동산 정책의 흐름을 아는 것이 필수적이다. 참여정부와 문재인 정부의 부동산 정책과 그 시대적 배경을 살펴봄으로써 현재의 부동산 시장에 관한 이해의 폭을 넓혀보자.

경제 상황은 다르지만
부동산 상승률은 비슷해

참여정부 5년간 서울 아파트 매매가격은 56.58% 상승했다. 문재인 정부 28개월 동안의 가격 상승률(10.42%)과 비교하면 지금의 서울 아파트 매매가격 상승률이 다소 낮은 것처럼 보이지만, 경제 상황을 고려하면 결코 낮은 게 아니다. 문재인 정부 2년 차 경제 성장률은 연간 기준으로 2.4%지만 참여정부 시절에는 그 2배가 넘는 4.9%였다. 집권 2년 차에 미국이나 일본보다 경제 성장률이 낮았던 적은 문재인 정부가 처음이다.

부동산 가격은 경제 성장률과 물가 상승률 수준에서 오르는 것

한미일 정권별 2년 차 경제 성장률 비교

(단위: %)

구분	한국	미국	일본
2004년(노무현)	4.9	3.8	2.2
2009년(이명박)	0.7	-0.3	-5.4
2014년(박근혜)	3.3	2.6	0.3
2018년(문재인)	2.4	4.2	3.0

자료: IMF

이 가장 적절하다. 참여정부에 비해 경제 성장률이 1/2 수준에 불과하다는 점을 고려하면 문재인 정부의 서울 아파트 매매가격 상승률은 상대적으로 높다고 보아야 한다. 물가 상승률과 비교해도 마찬가지다. 참여정부 2년 차 소비자 물가 상승률은 3.59%였던 반면, 문재인 정부의 2018년 소비자 물가 상승률은 1.5%였다. 주요 7개국 평균 물가 상승률보다 낮은 건 4년 만에 처음으로, 그만큼 경기 둔화에 대한 우려가 커지고 있다.

아파트 매매가격 상승률이 높은 데 부담을 느낀 탓인지 문재인 정부의 부동산 정책은 강력했다. 참여정부의 8·31 대책과 유사한 8·2 대책은 강도 면에서는 8·31 대책 이상이었다. 참여정부 때는 먼저 세금 정책을 강화한 이후 전매 제한과 대출 규제를 순차적으로 적용했지만, 문재인 정부는 8·2 대책으로 세 가지 부동산 정책을 한꺼번에 사용했다.

강도 높은 종합 대책은 오랜 기간 부동산 시장을 안정시킬 수 있고 투기자들에 대한 경고의 의미도 상당하다. 하지만 시장이 불안해지면 다시 꺼내들 추가 카드가 없다는 것이 가장 큰 단점이다. 그래서 8·2 대책 이후 안정되었던 부동산 시장이 2018년 4월을 기점으로 다시 불안해지자 정부는 9·13 대책, 10·1 대책, 12·16 대책 등 추가 대책을 연달아 내놓았다.

규제책의 성공 여부는 확신하기 힘들다. 굵직굵직한 정책을 이미 다 써버린 상황에서 추가 대책을 내놓는다 해도 지엽적인 부분을 건드릴 수밖에 없고, 규제 지역을 추가 지정하거나 세율이나 담보 비율을 조정하는 식의 카드밖에 남지 않았다. 투기자를 귀찮게 하는 세무 조사도 가능한데, 실제로 문재인 정부 들어 2013년 이후 가장 많은 건수의 부동산 세무조사가 행해졌다. 하지만 이런 지엽적인 규제로는 서울의 아파트 가격을 안정화하기 쉽지 않을 것이다. 부동산 규제로 집값을 제대로 잡은 사례가 없음에도 불구하고 한꺼번에 모든 패를 꺼내버린 8·2 대책은 섣부른 판단이었다.

2003년 참여정부 집권 당시 1인당 국민소득은 1만 4,151달러였다. 현재는 3만 달러에 달해 참여정부와 비교하면 2배 정도 늘었다. 어디 2배뿐이겠는가? 소득 양극화가 심해지면서 상위 소득은 훨씬 더 증가했다. 통계청에 의하면 2019년 2분기 최하위 계층인 1분위의 소득은 132만 5,500원으로 1년 전과 유사했으나, 최상위 5분위는 942만 6천 원으로 3.2% 증가했다. 서울 아파트 매매가격을 전망할 때 상위 20% 소득계층인 5분위의 소득 흐름이 중요한데 여전히 긍정적인 모습이다.

국민소득 3만 달러 시대에는 그에 걸맞는 부동산 정책이 필요하지만, 정부의 정책 수준은 여전히 1만 달러 시대에 머무르고 있다. 대부분의 부동산 대책이 참여정부와 비슷한 꼴이어서 다른 점을 찾기가 쉽지 않다. 상위계층의 소득이 급격하게 늘고 있음에도 불구하고 거래 가능한 아파트를 줄이는 판단은 집값 상승에 기름을 붓는 격이다.

새 아파트 수요는
막을 수 없다

주택 수요자들의 소득과 자산이 많이 늘었지만 부동산 시장은 참여정부와 다른 양상을 보이고 있다. 재개발·재건축 사업과 같은 도시정비사업이 신규 공급보다 늘어난 것이다. 신규 공급과 재개발·재건축 사업을 통한 공급은 어떻게 다를까? 재개발·재건축 사업은 이미 주인이 있는 집을 재공급하는 것으로, 신규 물량은 일반 분양분이 전부다. 일반 분양분은 전체 공급 중 20~30%에 불과하다. 매년 서울에 아파트가 5만~6만 호 공급되고 있지만 실제로는 2만~3만 호 수준에 그칠 수 있다.

비단 서울만의 문제는 아니다. 지방 5대 광역시 또한 이제 본격적으로 재개발·재건축 사업 시장에 진입하면 실질 공급량은 급속히 줄어들 것이다. 고령화로 인해 도심을 떠나지 않으려는 수요가 늘어나고 있는 점을 고려하면 전국 주요 도심 내 위치한 아파트는 지속적으로 가격이 상승할 가능성이 크다.

결론적으로 문재인 정부는 참여정부와 유사한 듯 다른 정책을 쓰고 있다. 시장 상황과 경제 여건 또한 두 정권이 매우 다르다. 부동산 시장이 불안정해지는 위기 상황마다 굵직굵직한 정책을 활용한 참여정부와 달리 문재인 정부는 더이상 추가로 활용할 수 있는 정책 수단이 거의 없다. 새 아파트에 대한 수요가 증가하고 있는 상황에서 실질적으로 공급을 확대할 방법이 없어 쉽게 시장을 바꿀 수는 없을 듯하다.

늘어난 유동성과 상위계층의 소득 증대는 언제든 점화할 수 있는 폭발력을 지녔다. 시장의 움직임이 우상향으로 바뀌었다는 신호가 나타나면 다시금 터질 수 있는 빌미를 제공할 것이다. 안타깝게도 국민소득 3만 달러 시대를 간과한 문재인 정부의 부동산 정책으로는 시장을 장기간 안정시키기 어려워 보인다.

다주택자는 정말 죄인일까?

서울 아파트 가격이 계속 오르자 정부는 9·13 대책을 발표했다. 예상보다 강한 규제에 시장은 관망세로 돌아섰고, 9·13 대책 이전 1년간 총 9만 7,415건이었던 서울 아파트 거래 건수는 9·13 대책 이후 1년 동안 4만 2,564건을 기록하며 절반 이하로 줄었다. 일단 급한 불을 끈 것처럼 보이지만, 이 기간 평균 매매가격이 크게 떨어지지 않아 정책이 효과를 보지 못했다는 평가도 적지 않다.

1년 뒤 나온 12·16 대책은 9·13 대책보다 강도가 더 세졌다. 세제·대출·청약 등 모든 대책을 망라했고, 기습적으로 발표함으로써 9·13 대책에도 흔들림 없던 다주택자들까지 겨냥했다. 9·13 대책과

12·16 대책은 다주택자 규제에 초점을 맞췄다는 공통점이 있다. 같은 가격의 주택이더라도 다주택자의 경우 종합부동산세를 더 많이 부담시키고 대출 규제도 까다로워졌다.

정부 정책의 방향은 명확해 보인다. 다주택자가 부동산 시장을 교란하고 투기를 자행하니 이들에 대한 징벌적 과세를 강화해 집을 더 사지 못하거나 팔도록 만들겠다는 의도다. 그런데 정부의 생각대로 과연 다주택자들은 부동산 시장을 교란하는 투기 세력일까?

3주택자 많지 않고
지방 거주 비중 높아

통계청의 주택 소유 통계를 보면 2018년 기준으로 국내 주택 소유자 수는 1,401만 명이다. 이 중 주택을 하나만 가진 1주택자의 수는 1,182만 명이며 전체 주택 소유자 중 84.4%에 이른다. 2주택자는 172만 명으로 이들까지 포함하면 96.7%로 비중이 더 높아진다.

정부에서 규제하고자 하는 3주택 이상 소유자의 비율은 전체 주

2018년 주택 소유 현황

(단위: %)

합계	1주택자	2주택자	3주택자	4주택 이상
100.0	84.4	12.3	2.0	1.3

자료: 통계청

택 소유자 중 3.3%에 불과하다. 정부의 발표를 들으면 다주택자들이 시장에 큰 영향을 주고 있는 것 같지만, 통계 자료를 보면 3주택 이상을 보유한 사람의 비율이 생각보다 적다는 것을 알 수 있다. 시장에 큰 영향을 미칠 수 있는 규모가 아니다.

지역별로 살펴봐도 3주택 이상을 보유한 다주택자들이 가장 많은 지역은 서울이 아니라 지방이었다. 3주택 이상 다주택자 비중은 광역시와 세종시를 제외한 8개 도 지역에서 높았다. 8개 도 지역의 다주택자 비중이 높은 이유는 이 지역에 팔리지 않는 집들이 많기 때문이다. 지방의 단독주택과 오래된 다세대주택은 처분하고 싶어도 팔기가 쉽지 않은 상품이다. 특히 상속 등을 통해 이런 주택을 취득한 경우 더욱 그러하다. 지방에서 멸실되는 주택은 대부분 단독주택이나 다세대주택이지만 서울의 경우에는 아파트다. 서울은 상품성이 떨어지는 단독주택이나 다세대주택이 많지 않지만 지방은 여전히 이런 유형의 주택이 많이 남아 있다.

이런 사실을 고려하면 주택 소유자 중에는 어쩔 수 없이 다주택자가 된 사람들이 많다는 것을 알 수 있다. 투기를 많이 하거나 의도적으로 집을 사고팔기를 반복해서 다주택자가 된 것이 아니라, 상속으로 팔리지 않는 시골집을 울며 겨자 먹기로 보유하고 있는 경우도 적지 않다. 2018년 기준 일본의 빈집 비중은 13.6%에 이르렀는데, 빈집의 상당수가 상품성이 떨어지는 집을 상속받으면서 생기는 것으로 분석되었다.

서울 아파트는
실수요자 시장

KB국민은행에 의하면 2019년 8월 기준 상위 20% 서울 아파트의 평균 매매가격은 16억 7천만 원에 이른다고 한다. 이 아파트는 대부분 서울 동남권(강남4구)에 위치해 있을 것이다. 이 지역의 평균 전세금은 약 7억 8천만 원으로, 집을 산다면 9억 원에 가까운 자금을 투입해야 한다. 투기자의 입장에서 이렇게 거금을 투자해 시세차익을 노리는 것이 바람직한 투자방법일까?

투기자들의 투자방법은 1억 원을 투자해 1억 원을 버는 것이다. 10억 원을 투자해 10억 원을 버는 것은 쉽지도 않고 위험성이 너무 커 투기자들이 선호하는 방식은 아니다. 주변에서 이렇게 투자하는 투기자를 만나기 쉽지 않을 것이다.

서울의 아파트 가격이 오르는 이유는 수요에 비해 공급이 턱없이 부족하기 때문이다. 결혼과 이혼 등으로 인해 발생하는 신규 수요뿐

서울 아파트 분위별 매매가격 및 전셋값(2019년 8월 기준)

(단위: 원)

구분	1분위	2분위	3분위	4분위	5분위
매매가격	3억 6,049만	5억 5,628만	7억 1,784만	9억 6,378만	16억 6,633만
전셋값	2억 1,874만	3억 2,697만	4억 859만	5억 1,125만	7억 8,393만

자료: 한국감정원

만 아니라 기존의 집을 팔고 옮기려는 대체 수요 등 서울에 집을 구하려는 수요는 적지 않다. 하지만 서울에 공급되는 아파트는 대부분 재개발·재건축 사업의 결과물이어서 신규 수요를 충족시키기가 쉽지 않고, 여기에 정부의 전매 제한과 양도소득세 중과 등으로 인해 거래 가능한 매물 역시 많지 않다.

지금 서울은 실수요자 위주의 시장이다. 양도소득세 중과로 실수요자들의 시선이 똘똘한 한 채에 집중되고 있다. 이미 부동산 시장에서 30대가 매입의 주요 계층으로 부상해, 그동안 매입의 주체였던 베이비붐 세대와 40대를 제치고 주택 매입 비중 1위 연령대를 기록했다. 에코붐 세대인 30대는 대부분 최초 주택 매입자들이어서 정부에서도 대출과 청약이 가능하도록 다양한 정책적 지원을 아끼지 않고 있다.

어떻게 대출 없이
집을 살까?

2016년 이후 강남의 고가 아파트 4개 단지 229가구 중 거래된 아파트는 총 24가구로 평균 거래가격은 17억 원이었다. 놀랍게도 이 중 대출을 받은 가구는 5세대에 불과했으며, 이들의 평균 대출액도 4억 원이 채 안 되었다. 최근 거래된 24가구의 현금 거래를 포함한 전체 거래액 대비 대출액은 4.8%에 불과했는데, 평균 8천만 원 정도만 빌려서 17억 원의 집을 구입했다는 의미다. 정부가 투기꾼이 들끓는다고 주장하는 강남만 그럴까? 중산층이 많이 거주한다는 성북구·노원구의 아파트를 대상으로 한 조사에서도 전체 거래액 대비 대출액은 9.8%에 불과했다. 강북에서도 10억 원의 집을 살 때 평균 1억 원 정도만 대출을 받는다는 뜻이다.

투기지역과 투기과열지구에 15억 원이 넘는 아파트를 매입할 경우 주택담보대출을 원천 금지하는 12·16 대책의 효용성에 의구심이 들 수밖에 없다. 정부는 12·16 대책으로 사실상 규제 지역에서 대출 없이 집을 사는 것을 불가능하게 만들었지만, 강남과 강북 아파트의 거래액 대비 대출액 비중을 보면 정책의 초점을 잘못 맞췄다는 것을 알 수 있다. 최근 거래된 24가구의 사례를 보면 강남은 무려 평균 16억 2천만 원의 현금을 동원해 아파트를 샀기 때문이다.

그렇다면 어떻게 대출 없이 이 정도 금액대의 집을 사는 게 가능할까? 해답은 대체 수요에 있다. 대체 수요로 인해 발생한 거래이기 때문에 가능한 것이다. 기존의 집을 팔고 새집을 구입한다고 가정하면 추가되는 비용이 적어진다. 이들 대부분은 세금을 내지 않는 1주택자일 가능성이 크다. 그렇지 않다면 양도소득세 때문에 집을 팔기도 어렵고, 집을 판 후 다른 집을 구입하기 또한 만만치 않을 것이다.

다주택자를 대상으로 한 9·13 대책과 12·16 대책은 성공하기 쉽지 않다. 가장 큰 이유는 현재 서울을 중심으로 이루어지는 부동산 거래의 대부분이 투기자들이 아닌 실수요자들에 의해 만들어지기 때문이다. 생애 최초로 집을 구입하는 에코붐 세대이거나 오래되고 낡은 주택을 떠나 새 아파트로 이사하려는 수요가 대부분이다. 이러한 현실과의 괴리 때문에 다주택자에게 초점을 맞춘 정부의 정책은 앞으로도 효과를 보기 쉽지 않아 보인다.

금융위기 이후 10년, 부동산 시장의 향방은?

2018년 9월은 2008년 글로벌 금융위기가 발발한 지 10년이 경과한 시점이었다. 일각에서는 지난 1998년과 2008년에 신흥국 금융위기가 일어났다는 점을 근거로 들며 금융위기가 10년 주기로 되풀이될 수 있다고 경고한다. 세계 경기 부진과 미중 무역전쟁으로 인해 베네수엘라에 이어 아르헨티나가 국가 부도를 선언했고 터키마저 심각한 재정 위기를 겪고 있기 때문이다.

세계 경제가 어떻게 움직일지 불확실한 상황에서 미중 무역전쟁까지 장기화될 조짐을 보이고 있어 안심할 수만은 없다. 금융위기가 발발하면 부동산 시장도 예외 없이 큰 타격을 받는다. 따라서

2008년 글로벌 금융위기 이후 10년 동안의 국내 부동산 시장 변화 양상을 분석해 향후 위기 가능성을 점검해볼 필요가 있다.

에코붐 세대가
가격 상승을 주도했다

2008년 글로벌 금융위기 이후 10년 동안 전국의 아파트 매매가격은 32.91% 상승했다. 수도권과 지방은 큰 차이를 보였는데, 수도권은 52.54% 올랐지만 지방은 12.52% 상승에 그쳤다. 비록 최근 수도권의 부동산 시장 상승세가 무섭다고 연일 언론에 보도되고 있지만 이는 극히 최근의 일로, 장기적 관점에서 글로벌 금융위기 전 5년간의 아파트 매매가격 상승률까지 함께 보면 오히려 지방의 부동산 시장이 많이 올랐음을 알 수 있다.

글로벌 금융위기 발생 전 5년 동안 수도권 아파트 매매가격 상승률은 3.33%에 불과했지만 지방은 무려 41.33%나 상승했다. 한때

기간별 아파트 매매가격 상승률

(단위: %)

기간별	전국	수도권	지방
2003년 11월~2008년 9월	19.05	3.33	41.33
2008년 9월~2018년 8월	32.91	52.54	12.52

자료: 한국감정원

(단위: %)

구분	종로	마포	강동	서초	동대문	성동	강남	서대문
상승률	21.53	20.93	20.51	17.38	16.83	15.83	15.69	15.25

자료: 한국감정원

많이 오른 곳은 조정을 거치는 중이고, 오르지 않은 곳은 상승률이 높아진 것이다.

2008년 글로벌 금융위기 이후 10년 동안 서울에서 가장 많이 상승한 지역은 종로구(21.53%)였고 다음은 마포구(20.93%)와 강동구(20.51%)였다. 최근 강남 지역의 아파트 매매가격 상승률이 높아 화제가 되었던 점을 고려하면 의외의 결과다. 자주 매매를 하지 않더라도 장기간 주택 시장의 변화에 관심을 가져야 하는 이유다.

서울에서 15% 이상의 상승률을 보인 지역은 강남구·서초구를 비롯해 성동구·동대문구·영등포구·서대문구 등이 있다. 이들은 서울에서 에코붐 세대가 가장 많이 거주하는 지역이며 3대 도심의 배후 주거 지역들이다. 에코붐 세대는 베이비붐 세대와 달리 맞벌이가 많고 도심 근처의 주거지를 선호한다.

강남구·서초구·강동구·성동구는 강남, 동대문구·종로구·서대문구는 광화문, 영등포구·마포구는 여의도다. 지난 10년간 안정적으로 상승한 지역을 살펴보면 도심을 선호하는 에코붐 세대가 가격 흐름을 주도했음을 알 수 있다.

경기도는 글로벌 금융위기가 발생한 이후 10년간 매매가격 상

(단위: %)

구분	안성	광명	이천	평택	안양 만안구	수원 영통구	하남	과천
상승률	22.67	17.49	16.53	15.37	10.04	9.63	7.85	7.81

자료: 한국감정원

2008~2018년 지방 아파트 매매가격 상승률 상위 지역

(단위: %)

구분	부산 사상구	부산 남구	제주시	부산 부산진구	대구 수성구	부산 북구	대구 북구
상승률	80.41	75.27	72.26%	68.80%	65.93%	65.76%	64.59%

자료: 한국감정원

승률이 –0.4%로 아파트 가격이 오히려 하락했다. 서울과 같은 재개발·재건축 이슈도 많지 않았고 공급 과잉도 하락에 한몫했다. 의외로 지난 10년간 경기도에서 아파트 매매가격이 가장 많이 상승한 지역은 안성시(22.67%)다. 다음은 광명시(17.49%)와 이천시(16.53%)·평택시(15.37%)였다. 경기도는 하락 지역도 만만찮게 많았는데 대표적인 도시는 용인시(-12.94%)였다. 특히 용인의 수지구(-15.69%)가 동두천시(-16.61%) 다음으로 가장 많이 하락했다.

글로벌 금융위기 이후 10년간 지방에서 가장 많이 상승한 지역은 부산 사상구(80.41%)다. 다음으로 부산 남구(75.27%)와 제주시(72.26%)가 많이 올랐다. 부산의 경우 대부분 해운대(53.57%)가 가장 많이 올랐을 것으로 예상하지만 사실 해운대는 부산시 평균보다

낮은 상승률을 보였고, 가장 많이 상승한 지역은 서부산권에 있는 사상구였다.

지방에서 제주와 부산을 제외하고 가장 높은 상승률을 보인 지역은 대구(55.50%)였는데, '대구의 강남'이라 불리는 수성구가 65.93%로 가장 높은 상승률을 보였다. 평창올림픽과 KTX 경강선 개통으로 주목받았던 강원도도 상승률이 높았다. 강원도는 전체적으로 36.17% 올랐으며, 강릉시는 51.27%나 상승했다.

수도권 아파트는
많이 오르지 않았다

글로벌 금융위기 이후 10년 동안 전국의 아파트 매매가격 상승률 상위 지역을 살펴보면 대부분 지방이며, 최근 상승률이 높은 수도권 지역은 상위 지역에 포함되지 않았다. 부동산 시장은 상승과 하락을 반복하기 때문에 실수요자들은 장기적으로 안정적으로 상승하는 상품을 고를 필요가 있다. 등락이 너무 심한 상품은 꼭 팔아야 할 시기에 팔 수 없게 되거나 손해를 보면서 정리해야 하는 리스크가 있기 때문이다. 따라서 최근 몇 년간의 상승률만 보고 특정 아파트를 선택하면 오히려 변동성이 큰 상품을 고르는 우를 범하게 될 수도 있다.

지난 10년간 전국 아파트 가격은 매년 3%대의 상승률을 보였다. 물가 상승률과 유사한 적정 수준의 상승률로, 현재로선 우리나라 부동산 시장에 버블이 존재한다고 보기는 어렵다. 또한 이러한 부동산 가격 상승은 우리나라에만 국한된 현상이 아니다. IMF가 발표한 통계에 따르면 2018년 3분기 '글로벌 실질주택가격지수'가 162.0으로 집계되어 2000년 이후 최고치를 기록했다고 한다. 글로벌 금융위기 직전인 2008년 1분기 159.0을 추월한 것이다. 63개국 가운데 47개국은 2018년 한 해 동안 주택 가격이 올랐는데, 한국은 주택 가격 상승 지역이 편중되면서 1.4%에 머물렀다. 아직은 부동산 버블이나 부동산으로 인한 또 다른 금융위기를 걱정할 시점은 아니다.

2020년 부동산 시장은 변곡점이 될 것이다

부동산 자산은 주기성과 순환성의 특징을 갖고 있다. 순환성은 상승의 시작점을 결정하며 쉽게 예측하기 힘들지만 주기성은 어느 정도 예측이 가능하다. 부동산 시장은 보통 가격 상승이 3~5년 동안 지속되면 일시적인 조정이 오고 이후에 상승의 하반기가 시작된다. 2020년 부동산 시장은 상승의 전반기와 하반기를 결정하는 변곡점이 될 듯하다.

아파트 가격의 변동이 전반기와 하반기로 나뉘는 이유는 분양에서 입주까지 최소 3~5년이 소요되는 부동산의 고유한 특성과 달라지는 시장 상황 때문이다. 분양이 많이 이루어질 때는 일반적으로 부동산 경기가 좋은 시기지만 입주할 때는 정부의 강한 규제와 함께 입주물량도 많아져 하락 압력을 받는다. 하지만 이런 어려움도 하반기 상승을 위해 에너지를 축적하는 시기일 수 있다. 참여정부 때는 2005년부터 다시 상승이 시작되었고, 문재인 정부 또한 2020년 이후 본격적인 상승이 시작될 수 있다.

상승의 징후를
포착하라

상승기가 시작되는 징후는 몇 가지로 판단할 수 있다. 보통 규제와 공급 과잉으로 부동산 경기가 좋지 않아도 아파트 매매가격이 유지되고, 서울 도심보다는 오히려 경기도 외곽 지역들의 아파트 매매가격이 오르기 시작한다. 이런 측면을 고려해보면 2020년은 굉장히 중요한 시기다. 부동산 시장을 거시적으로 바라보면서 상품별 변화도 함께 살펴볼 필요가 있는데, 2020년은 '대형 아파트' '새 아파트' '단독주택'의 강세가 예상된다.

먼저 대형 아파트의 강세를 예상해볼 수 있다. 소형 아파트 강세가 시대의 흐름이라면 대형 아파트 강세는 수급의 불균형에 기인한다. 이미 통계에서도 이런 추이가 감지되었다. 서울의 경우 2018년 1월~2019년 9월 동안 대형 아파트의 매매가격 상승률이 소형 아파트를 압도했다.

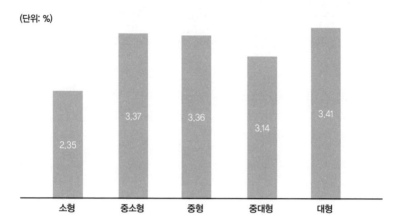

2018년 1월~2019년 9월 규모별 서울 아파트 매매가격 평균 상승률

(단위: %)

소형	중소형	중형	중대형	대형
2.35	3.37	3.36	3.14	3.41

자료: KB국민은행

2018년 1월~2019년 9월 규모별 서울 아파트 평균 매매가격

(단위: 원)

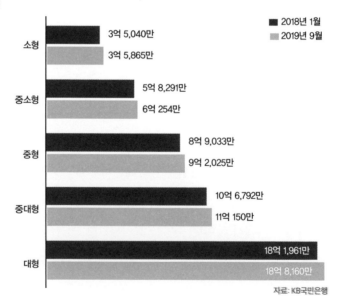

■ 2018년 1월
■ 2019년 9월

규모	2018년 1월	2019년 9월
소형	3억 5,040만	3억 5,865만
중소형	5억 8,291만	6억 254만
중형	8억 9,033만	9억 2,025만
중대형	10억 6,792만	11억 150만
대형	18억 1,961만	18억 8,160만

자료: KB국민은행

전용면적 135m²를 초과하는 대형 아파트의 평균 상승률은 3.41%인 데 반해 소형 아파트는 2.35%에 그쳤다. 2018년 1월 서울 대형 아파트의 평균 매매가격은 18억 1,961만 원이었는데, 2019년 9월에는 18억 8,160만 원까지 상승했다. 이런 추이는 수도권과 지방 모두 마찬가지지만 지방에서 더욱 두드러진다. 지방은 부동산 시장의 침체로 전용면적 135m² 초과 아파트를 거의 공급하지 않았는데, 이러한 수급의 불균형이 매매가격 상승으로 이어졌다. 이렇게 대형 아파트가 강세를 보이는 현상은 2020년에도 지속될 것으로 예상한다. 현재 상대적으로 더 두드러진 강세를 보이는 지방의 대형 아파트 역시 마찬가지의 흐름을 보일 것이다.

새 아파트 역시 강세를 보일 것이다. 재건축 사업이 지지부진해지면서 5년 이하 아파트의 강세가 예상된다. 문재인 정부가 재건축 아파트에 대한 규제를 강화하면서 이런 추세는 수도권과 지방을 가리지 않고 있다. 내력벽 철거 허용 여부에 따라 리모델링 사업이 급물살을 탈 수도 있으며, 그렇게 된다면 새 아파트를 선호하는 현상은 더욱 강해질 것이다.

주택 유형별로는 단독주택이 강세를 이어갈 것이다. 2018년 1월~2019년 8월 아파트는 가격 상승률이 1.3% 하락했지만 단독주택은 무려 4.38%나 상승했다. 도심의 단독주택은 갈수록 희소해지고 있고, 최근에는 단독주택을 리모델링해 상가 겸용 단독주택으로 바꾸려는 수요가 증가하고 있다. 단독주택은 전체 면적에서 토지가 차지하는 비중이 커 주택보다 토지에 가까운 상품이다. 따라서 단독주택

(단위: %)

구분	종합	아파트	연립주택·다세대주택	단독주택
전국	0.30	-1.30	0.10	4.38
수도권	2.29	1.79	1.20	5.77
지방권	-1.30	-4.21	-2.60	3.99

자료: 한국감정원

의 가격은 토지 가격 상승과 아주 밀접한 관련이 있다.

지방의 경우 아파트의 매매가격이 떨어져도 단독주택만큼은 홀로 상승했는데, 토지에 가까운 단독주택의 성격 때문이다. 토지 가격 상승률이 높은 지역은 여전히 대부분 지방 광역시에 몰려 있다.

토지는 강세지만
상업용 부동산은 약세

부정청탁 및 금품 등 수수의 금지에 관한 법률, 일명 '김영란법'의 등장과 함께 최저임금 상승 등의 영향으로 상업용 부동산 침체는 계속될 것으로 보인다. 더 큰 문제는 수요의 감소다. 내수 경기가 나빠지면서 창업 수요도 급격히 줄어들고 있고 기존 점포들의 폐점 또한 증가했다.

전국 상가 공실률도 높아지는 추세다. 시세차익을 노리는 분양

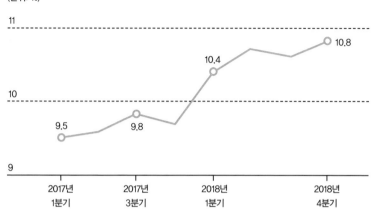

전국 상가 공실률

(단위: %)

11

10.8

10.4

10

9.5   9.8

9

| 2017년 1분기 | 2017년 3분기 | 2018년 1분기 | 2018년 4분기 |

자료: 한국감정원

상가가 반짝 경기를 탈 수는 있으나, 분양 상가는 부동산 투자에 익숙하지 않은 개인이 접근하기에 리스크가 크다. 오피스텔 역시 아파트의 대체 상품으로 풍선효과를 누리겠지만 도심의 요지가 아니라면 투자성을 꼼꼼히 따져봐야 한다. 10평에 가까운 소형 평형 오피스텔, 아파트와 함께 있는 오피스텔이 주목받을 것이다. 서울 내 아파트와 함께 있는 오피스텔은 비주거 시설로 분류되어, 상업 지역 주상복합 건물의 비주거 용도 의무 비율을 채울 수 있었다. 그러나 2018년 서울시 조례 개정으로 상업 면적에 오피스텔을 포함하지 못하게 되면서, 아파트와 함께 있는 오피스텔의 희소성이 높아졌다.

상업용 부동산과 달리 2019년 상반기 1.86% 상승한 토지 시장은 2020년에도 강세가 예상된다. 특히 3기 신도시와 '혁신도시 시즌2'로 인해 풀릴 대규모 토지보상금이 토지 시장을 견인할 것으로 보인다. 수도권과 강원도는 남북 관계 개선에 따른 접경지 주변 토지의 강세가 예측되고, 지방 광역시들은 본격적으로 재개발·재건축 사업이 진행되고 가속화되면 토지 수요가 더 증가할 것이다. 도 지역의 경우 테크노밸리와 산업단지 조성에 따른 기대감이 토지 가격에 반영될 것으로 보인다.

정부가 모르는
재건축 규제의 함정

8·2 대책으로 시작된 문재인 정부의 재개발·재건축 규제가 정점에 달하는 듯하다. 거래도 없고 거래할 수 있는 입주권이나 분양권 또한 많지 않다. 최근 집값이 정체된 지역은 대부분 과거에 재개발·재건축 사업이 활발하게 진행되었던 곳인데, 이러한 양상을 두고 일견 정부의 규제가 바람직했고 효과를 발휘하는 것 아니냐는 목소리도 나온다. 과연 그럴까?

부동산 규제가 집중된 서울은 주택 수요가 전국에서 가장 풍부한 곳이다. 서울 내 주택 수요는 물론이고 지방에서도 노리는 투자자들이 많다. 이런 지역에 규제를 집중시켜놓으면 풍선효과가 아니라 용수철효과만 발생하게 된다. 규제로 눌렀을 때 다른 곳이 부풀어 오르면 다행이지만 오히려 그 자리만 더 뛰어 오를 수 있다. 문재인 정부 집권 이후 강남3구의 아파트 가격 상승률이 높았던 이유도 이 때문이다.

하락세를 보이는
재건축 아파트

재건축 이슈가 있는 오래된 아파트들은 최근 가격 상승이 여의치 않다. 규제로 인해 재건축 사업이 지지부진해지면서 20년 초과 아파트의 매매가격은 전국적으로 하락했다. 수도권은 그나마 연식이 오래된 아파트의 매매가격이 상승 중이지만 5년 이하 새 아파트의 상승률에는 미치지 못하고 있다. 지방도 아파트의 연식이 높을수록 매매가격 하락률이 더 커지는 현상이 확연하게 나타났다.

2017년과 비교하면 크게 달라진 상황이다. 2017년에는 전국적으로 20년 초과 아파트의 매매가격 상승률이 1.52%로 가장 높았으며 5년 이하 새 아파트의 가격 상승률은 0.6%에 그쳤다. 수도권은 이런 경향이 더 두드러졌는데, 20년 초과 아파트가 5년 이하의 새 아파트보다 매매가격 상승률이 2배 이상 높았다.

최근 재건축 이슈가 있는 오래된 아파트의 가격이 하락한 원인은 재건축 사업에 대한 규제가 강화되고, 조합원 입주권이나 분양권의 거래가 제한되었기 때문이다. 앞으로도 이런 추세가 지속될 가능성이 크다.

새 아파트 공급을 규제하는 건 굉장히 위험성이 크다. 에코붐 세대를 중심으로 새 아파트에 대한 기대가 엄청난데, 에코붐 세대는 10년 이상 된 아파트를 무조건 구축이라고 생각해 기피하는 경향이 있다. 비용을 더 지불하더라도 새 아파트에 살고 싶어 한다.

현재 전국에서 주택 수요가 가장 큰 서울에 신규 아파트를 공급할 방법은 재개발·재건축 사업과 같은 도시정비사업밖에는 남지 않았다. 이에 대한 규제를 많이 하면 할수록 공급이 줄어 가뭄에 콩 나듯 분양되는 아파트에 수요자들이 몰리게 된다. 안전진단 기준 강화도 주택 공급을 줄이는 주요 요인이다. 2018년 서울에서 재건축 안전진단을 신청한 아파트는 27곳이었으나, 안전진단 기준을 바꾼 이후에는 안전진단을 신청한 아파트 단지가 단 1곳도 없었다. 기준이 강화되자 통과가 어려울 것이라는 지레짐작으로 안전진단을 신청하지 않은 것이다.

더 큰 문제는 분양가 책정이다. 주택도시보증공사에서 실질적으로 분양가를 규제하고 있기 때문에 재개발 아파트나 재건축 아파트의 일반 분양분은 주변 시세에 비해 훨씬 저렴하다. 주택 수요자들에게는 긍정적이지만 조합 측에는 치명적이다. 강남3구를 중심으로 1:1 재건축이나 후분양제 이야기가 심심찮게 들리는 이유는 분양가를 주변 시세와 비슷하게 받아 사업성을 높이고자 하는 조합의 눈물겨운 노력에 있다.

문제는 1:1 재건축은 일반 분양분이 없어 신규 공급에 부정적이고, 후분양제는 부동산 시장에서 당분간 분양물량을 사라지게 만들어 공급 절벽의 착시를 유도한다는 점이다. 특히 2019년 10월 1일에 도입된 분양가 상한제는 6개월의 여유를 두고 시행되지만 시장에 미치는 영향이 적지 않을 것이다.

1:1 재건축이나 후분양제로 공급된 아파트는 입주 시 훨씬 더 높은 가격을 형성할 것이다. 1:1 재건축은 일반 분양분으로 인한 수익이 없어 조합원 부담금이 커지게 되고, 후분양제 또한 길어진 사업 기간으로 발생하는 추가 비용이 만만치 않게 된다. 신축 아파트에 대한 선호가 큰 상황에서 이러한 추가 비용이 반영되어 분양가가 높아지면 주변 시세를 자극하게 될 것이고, 이는 부동산 시장 전체를 불안하게 만들 수 있다. 이처럼 재건축 초과이익 환수제와 강화된 대출 규제 등 촘촘한 규제망은 공급 부족 문제뿐만 아니라 가격 상승의 불씨마저 제공할 수 있다.

재건축 활성화를 통한 공급 증대가 필요하다

전국 가구수에서 서울 가구수가 차지하는 비율은 19.5%지만, 서울의 아파트 수는 전국 아파트의 16.1%에 불과하다. 아파트를 원하는 수요는 많지만 가구수 대비 공급 비율이 낮아 집값 상승의 빌미가

되고 있다. 그럼에도 불구하고 지금처럼 재개발·재건축 사업을 규제한다면 새 아파트를 공급할 수 없어 기존 주택 보유자들만 집값 상승의 혜택을 받게 될 것이고, 강남 등 특정 지역은 독점의 효력을 발휘할 것이다.

서울 내 새 아파트 공급 상황은 더욱 심각하다. 2010년 이후 지어진 서울 소재 아파트는 전국의 13.8%에 불과하다. 2015년 이후 지어진 서울 아파트는 전국의 8.4%에 그친다. 현재 서울에서 가장 부족하고 수요자들이 가장 원하는 것은 아파트, 그중에서도 지은 지 3년 이내의 신축 아파트다.

당장 서울의 공급 부족을 해결할 방법은 재개발·재건축 사업밖에 없다. 지금처럼 문재인 정부의 규제가 재개발·재건축 사업에 집중된다면 부작용이 더 커지게 될 것이다.

노인 주거 문제가
불러온 바람

실버타운의 정확한 법적 용어는 '노인복지주택'이다. 노인복지주택
은 주택법이 아닌 노인복지법에 의거해 분양과 매매 및 임대에 제한
을 받는다(만 60세 이상만 가능). 수요자가 한정되어 있다 보니 그리
인기 있는 상품은 아니다.

2008년 노인복지주택 20곳의 입소 정원은 5,645명이었으나,
2018년 기준 35곳의 입소 정원은 6,389명에 불과했다. 전반적인
노인복지시설의 입소 정원은 10년 사이 11만 9,793명 증가했으나,
노인복지주택만은 고작 744명 증가에 머물러 거북이걸음이다. 수요
제한 상품이어서 경쟁력이 떨어지니 자연스럽게 공급하는 사업자가

구분	노인복지시설		노인복지주택	
	2008년	2018년	2008년	2018년
시설 수	6만 3,919곳	7만 7,382곳	20곳	35곳
입소 정원	11만 2,064명	23만 1,857명	5,645명	6,389명

자료: 보건복지부

없는 탓이다.

왜 노인복지주택을 짓지 않을까? 노인복지주택은 운영 관리형 상품으로, 분양을 통해 수익을 낼 수 있는 상품이 아니라 장기간 관리하고 운영하면서 차근차근 수익을 만들어나가야 한다. 단기간에 시세차익을 볼 수 없는 상품은 우리나라 주택 사업자들이 별로 좋아하지 않는다. 특히 2015년 7월 말 노인복지법이 개정되면서 분양형 노인복지주택이 폐지되었고 임대만 가능해졌다.

관리가 가능하면 개발한다는 선진국의 주택 사업자들과 달리 우리나라 주택 사업자들은 분양이 가능하면 개발한다는 인식이 있다. 하지만 노인복지주택 개발 사업은 분양 및 임대 사업 측면보다는 시설의 운영과 관리가 중요한 서비스 산업의 특징이 더욱 크다. 체계적으로 운영할 수 있는 수단과 다양한 프로그램이 중요해 노인복지주택의 진입장벽이 높은 편이다.

정부도 적극적인 공급 의지가 부족하다. 서울 아파트 가격을 잡는 데만 혈안이 되어 고령화에 따른 주거 문제를 해결해야 한다는 의식이 약하다. 물론 노인복지주택은 건축 부지 취득에 관한 조세를 감면받고 일반 주택에 비해 완화된 시설 설치 기준을 적용받는 등 혜택이 있지만, 이것만으로 노인복지주택을 늘리기는 역부족이다.

도심회귀 현상이
가속화될 수 있다

우리에게 있어 고령화는 급속하게 다가오는 불청객이다. 통계청에 의하면 우리나라는 2018년에 고령화율 14.8%를 기록해 이미 고령 사회에 진입했다.

한국은행의 예측에 의하면 2050년에는 37.4%로 높아져 세계 3위 가 될 것이라 한다. 저출산으로 인해 갈수록 고령화율이 높아지고 있는 상황에서 노인복지주택과 같은 노인을 위한 시설이 지어지지 않는다면 어떤 일이 벌어질까?

고령인구 추이

구분	1995년	2000년	2005년	2010년	2015년	2016년	2017년	2018년
고령 인구 비중	5.9%	7.3%	9.3%	11.3%	13.2%	13.6%	14.2%	14.8%
노령화 지수	25.8	35.0	48.6	69.7	95.1	100.1	107.3	114.1

자료: 통계청

노인복지주택 공급이 늘지 않으면 가장 먼저 일어날 일은 고령층의 도심회귀 현상이다. 노인복지주택의 가장 중요한 서비스는 원활한 의료 지원이다. 만 60세가 넘으면 노인복지주택에 입소할 수 있지만 실제 입소자들의 평균 연령은 70세가 넘는다. 나이 들어 느끼는 가장 큰 위험은 건강으로, 적기에 적절한 케어를 어떻게 해주느냐가 가장 중요하다.

노인들도 의료 환경이 낙후된 도심 외곽보다는 당연히 대형 병원이 위치한 도심을 선호한다. 특히 우리나라는 대형 병원을 선호하는 경향이 강해 한적하고 공기 좋은 전원에서 생활하던 노인들도 건강에 적신호가 켜지면 도심으로 복귀하고는 한다. 그래서 노인들의 도심회귀 현상이 더 심해질 수 있다.

노인들의 도심회귀 현상이 심화되면 직주근접 때문에 도심에 자리 잡아야 하는 젊은이들과 주거지 경쟁을 벌일 가능성이 크다. 자녀들의 학업 문제로 강남에 자리 잡았던 중장년층들이 자녀들이 분가한 후에도 강남을 떠나지 않는 이유가 여기에 있다. 이렇듯 도심으로 들어올 사람은 넘쳐나는데 떠나는 사람은 거의 없다.

더욱이 정부의 규제는 이러한 주거선호 지역에 집중되고 있다. 수요는 늘어나는데 규제로 인해 매물 잠김 현상이 심해지면서 하나의 아파트를 두고 세대 간 경쟁을 벌이는 양상이다. 노인복지주택의 공급을 늘리지 않으면 대도시에 대한 수요가 더욱 증가할 수밖에 없다.

조식포함 아파트가
등장한 배경

노인복지주택이 지어지지 않으면 아파트 내 서비스 기능이 추가될 가능성이 크다. 어차피 의료 서비스를 제외하면 중장년층도 대부분 필요로 하는 서비스로, 화두가 된 대표적인 서비스는 급식이다. EBS에서는 이미 이러한 사회적 요구를 반영해 〈조식포함 아파트〉라는 예능 프로그램을 방영한 적이 있다. 이 방송에서는 소위 '밥차 군단'이 아파트에 출동해 조식을 제공하는데, 담당 PD는 단절된 아파트 내에 새로운 모임의 장을 만들고 싶었다고 이야기한다.

조식 서비스뿐만이 아니라 아파트 내 헬스클럽 등도 더욱 활성화될 가능성이 크다. 대부분의 편의 서비스를 아파트 내에서 해결할 수 있게 될 것이다. 가장 큰 문제는 사업성인데, 최근에는 관리비처럼 세대마다 강제로 비용을 징수해 서비스를 유지하고 있다. 1만~3만 원 정도의 관리비를 추가로 부과하면 서비스를 제공하는 기업의 사업성을 보전해줄 수 있다. 인프라가 부족한 기존 아파트는 힘들지만 최근 입주하는 아파트의 경우 아예 입주자대표회의에서 이런 결정을 내리기도 한다.

조식 서비스는 다시 삼시 세끼로 진화 중이다. 일례로 피데스개발은 식품 전문 기업 SPC GFS와 식사 서비스 제공을 위한 업무 협약을 체결하고, 용인과 성남의 오피스텔에서 맞춤형 식단을 제공하고 있다. 그리고 이런 서비스를 마케팅에 적극 활용하는 중이다.

안타깝게도 아파트에서 이런 서비스의 확산이 더딘 이유는 공동주택관리법의 영향이 큰데, 아파트 등 공동주택 내에서 영리를 목적으로 한 시설 운영이 불가능하기 때문이다. 다행히 오피스텔은 주택법이 아닌 건축법의 영향을 받기 때문에 이러한 제약에 자유롭다. 노인복지주택에 대한 선호도가 낮은 일본에서도 단지 내 커뮤니티 시설이 대규모로 자리를 잡고 진화하는 중이다.

주상복합 아파트가 부활한다

주상복합 아파트는 노인을 위한 편의시설 부족 문제의 해답이 될 수 있다. 최소 1천 세대를 훌쩍 넘는 대단지에 가보면 상업시설에 우리가 알고 있는 대부분의 브랜드들이 입점해 있는 것을 볼 수 있는데, 물론 병원도 진료 과목별로 들어와 있다. 이처럼 아파트 상업시설을 둘러보면 편의 서비스에 대한 욕구가 노인들에게만 국한되어 있지 않다는 것을 알 수 있다.

이런 이유 때문인지 오랫동안 주택 시장에서 주목받지 못한 주상복합 아파트의 매매가격이 상승하고 있다. 2018년 서울 지역 주상복합 아파트의 매매가격 상승률은 12년 만에 최고치를 기록했다. 부동산114 자료에 의하면 2018년 한 해 동안 주상복합 아파트의 매매가격은 13.99% 상승했다고 한다. 2006년 14.77% 이후 최고치

지역	단지	전용면적	신고가
도곡동	타워팰리스1차	137m²	24억 원
잠실동	갤러리아팰리스	164m²	18억 1,500만 원
여의도동	롯데캐슬아이비	113m²	12억 7천만 원
목동	현대하이페리온	151m²	18억 4,500만 원

자료: 한국경제

다. 2019년 9월 들어 신고가를 경신한 주상복합 아파트들도 눈에 띈다. 대표적으로 도곡동에 위치한 타워팰리스1차 전용면적 137m² 와 잠실동에 위치한 갤러리아팰리스 전용면적 164m²가 있다.

일본 역시 신도시 내 역 주변에 위치한 주상복합 아파트들이 완판 행진을 거듭하는 중이다. 전원생활을 즐기던 노인들이 건강이 악화되자 편의시설이 완비된 주상복합 아파트로 이동한 것인데, 보통 주변에 자식들도 함께 거주하고 있어 서로 필요한 도움을 주고받는다고 한다. 부모 세대는 건강에 대한 걱정이 앞서고, 자녀 세대는 육아에 대한 고민이 앞선다. 그래서 함께 도심에서 지내며 자녀는 부모의 건강 관리를 돕고 부모는 자녀의 육아를 돕는 것이다.

부모와 자녀가 최소한의 사생활은 보장되지만 금방 오갈 수 있는 거리에 거주하는 이유는 서로 수월하게 도움을 주고받기 위해서다. 한국의 한국토지주택공사에 해당하는 일본의 도시재생기구는 세대 간 근거리 거주를 촉진하기 위해, 세대 간 동거 또는 근거를 목적으로 주택용 부동산을 양도하거나 처분할 시 세제 혜택을 주고 있다.

은퇴 이민을
막을 수 없다

노인복지주택이 지어지지 않으면 해외 이주가 늘어날 수 있다. 주로 동남아시아 지역으로 은퇴 이민이 늘고 있는데, 필리핀·말레이시아·태국 등의 나라에서는 국가 차원에서 세미나까지 개최해 은퇴자 유치에 힘을 쏟고 있다. 2019년 9월 기준으로 국민연금을 20년 이상 장기가입한 수급자는 월평균 93만 원 정도를 받는다고 한다. 우리에게는 최저생계비 수준이지만 동남아시아에서는 적지 않은 액수다. 동남아시아 대부분은 휴양지라서 환경도 나쁘지 않고 고령자를 위한 편의시설 또한 잘 준비되어 있다.

지금부터라도 노인 주거 문제를 진지하게 고민하지 않으면 자금력 있는 은퇴계층을 다른 나라에 빼앗기게 될 것이다. 더 큰 문제는 이런 이민을 고민하는 계층이 노인들뿐만이 아니라는 점이다. 최근 잡코리아가 성인 남녀 4,802명을 대상으로 조사한 자료에서 "기회가 되면 이민 갈 생각이 있는가?"라는 질문에 "있다."라는 응답이 무려 70.8%였다고 한다.

은퇴계층을 포용하지 못하는 나라는 젊은이나 중장년층에게도 희망을 주지 못한다. 특히 50대 이상의 응답자들이 이민을 가고 싶어 하는 가장 큰 이유는 "안정적인 노후를 위해서"였다. 이처럼 은퇴 이민을 고려하는 국민의 수가 늘고 있는 결정적인 이유는 직장인들의 노후 준비가 녹록지 않기 때문이다. 실제로 직장인 절반 이상이 노후 준비와 거리가 먼 것으로 나타났다. 사람인이 직장인 587명을 대상으로 조사한 결과에 의하면 응답자의 51.3%가 "노후 준비를 하지 않고 있다."라고 답했다고 한다. 노후 준비를 제대로 하지 못하는 이유로는 "경제적인 여유가 없어서"가 1위를 차지했다. 100세 시대에 접어들었지만 턱없이 부족한 공적연금 외에는 마땅한 안전장치가 없는 것이 현실이다. 은퇴계층을 위한 정부의 관심과 정책 지원이 절실히 요구된다.

성공적인 부동산 투자를 위해서는 시간 싸움에서 이겨야 하고 시장이 불확실할 때는 잠시 쉴 줄도 알아야 한다. 부동산 투자는 파도가 아닌 바람을 보고 나무를 넘어 숲을 보는 지혜가 필요하다. 바람과 숲을 보기 위해선 먼저 파도와 나무부터 철저히 분석해야 한다. 이번 장을 통해 어려운 시황에도 흔들리지 않는 부동산 투자 노하우를 익혀보자.

5장

시황에
흔들리지 않는
부동산 투자 노하우

시간을 이기는 부동산 투자 노하우

부동산 투자는 수요와 공급의 지루한 심리 싸움이다. 인고의 시간을 견뎌야 수익을 낼 수 있는데 대부분의 투자자들은 시간 싸움에서 진다. 기다리다 지쳐 너무 빠른 시기에 매도하거나 너무 늦게 판단을 내려 낭패를 보고는 한다. 투자 판단은 너무 빨라도 안 되고 너무 늦어도 위험하다. "무릎에 사서 어깨에서 팔라."라는 주식 시장의 격언은 시간 싸움이 그만큼 어렵다는 의미다. 그게 아니라면 머리에 사서 발에서 팔라고 하지 않겠는가?

주식 시장의 경우 시간 싸움에서 이기는 방법 중 하나는 적립식 투자다. 투자 시점을 분산하면 시간이 고려 대상에서 사라지니 상품에 집중하게 된다. 이렇게 상품이 지닌 본연의 가치에 집중하는 것은 가장 좋은 전략이지만 실제로는 극소수의 투자자만 적립식 투자를 한다. 대부분의 부동산 투자자들도 상품보다는 타이밍에 집중한다. 상품이 중요하다는 것을 알면서도 자꾸 타이밍에만 관심을 쏟아 상품이 지닌 내재가치보다 사고파는 시간에 몰두하고는 한다. 이런 박약한 의지를 북돋는 방법은 없을까?

시간을
이기는 방법

시간을 이기는 부동산 투자는 쉽지 않다. 주식 투자와 다르게 부동산 투자는 한 번에 목돈이 들어가고, 매도 타이밍이 수익률에 미치는 영향도 크기 때문이다. 언제 사고 언제 팔지 신경 쓰지 말라는 말을 투자하지 말라는 의미로 받아들이는 사람도 많다. 그래도 시간을 이기는 방법은 있다.

첫 번째는 적립식 투자와 마찬가지로 강제적으로 시간의 굴레에서 벗어나는 것이다. 임대사업자로 등록해 강제로 적립식 투자를 하면 된다. 정부가 주는 임대사업자 혜택을 고스란히 누리기 위해서는 8년 이상의 장기 임대가 바람직하다. 예외 규정을 제외하고 일반적으로 8년 동안 주택을 팔 수 없어 장기간 답답할 수도 있지만 시간을 이길 수는 있다.

임대 기간	2018년 3월 이전	2018년 4월 이후
단기 임대 (5년 임대 기준)	양도소득세 중과 배제, 종합부동산세 합산 배제	철폐
장기 임대 (8년 임대 기준)	양도소득세 중과 배제, 종합부동산세 합산 배제, 장기보유 특별공제 50~70%	양도소득세 중과 배제, 종합부동산세 합산 배제, 장비보유 특별공제 70%

자료: 국토교통부

8년 동안 주택을 팔 수 없다는 가정하에 어떤 주택을 매입하려면 정말 많은 고민이 필요하다. 좋은 상품을 선택하는 것도 중요하지만 최소 10년 앞을 내다보고 부동산 시장을 예측해야 한다. 이 과정에서는 상품에 대한 자신감과 함께 시장에 대한 확신도 요구된다. 시간을 이기는 부동산 투자를 하려면 단기간에 일희일비하는 투기자가 아닌 바람직한 투자자가 될 수밖에 없다.

두 번째 방법은 월세가 잘 나오는 상품을 선택하는 것이다. 최근에는 월세를 받는 부동산과 전세를 받아 시세차익을 내는 부동산 간의 구분이 과거와 달리 비교적 뚜렷해지고 있다. 부동산 투자 수익은 운영 수익과 자본 수익으로 나뉘는데, 운영 수익은 월세와 같이 매달 일정한 금액이 유입되는 현금 흐름이고 자본 수익은 팔 때 발생하는 수익(양도차익)이다. 투자 수익은 이 두 가지가 더해져 발생한다. 과거에는 아파트로 월세를 받는 경우가 드물어 이런 식의 구분이 큰 의미가 없었지만, 현재는 전세에서 월세로 임대차 계약의 트렌드가 바뀌고 있어 두 가지 수익을 동시에 내는 아파트들이 희소하지 않다.

부동산 투자를 해보면 월세가 잘 나오는 부동산은 시세차익이 많이 나지 않고, 시세차익이 괜찮은 부동산은 월세가 시원찮은 경우가 많다. 따라서 월세가 어느 정도 잘 나오는 상품은 시세차익을 염두에 두지 않게 되므로, 언제 팔아야 하고 어느 시점에 매입해야 하는지 결정하는 고민의 굴레에서 해방될 수 있다. 완벽히는 아니지만 시간에서 벗어나 월세가 잘 나오는 지역과 상품에 집중해 투자 판단을 내리게 된다. "시세차익은 덤"이라는 새로운 투자 인식으로 무장하면 오로지 상품의 내재가치에만 전념할 수 있다.

지역을 예로 들면 용산구의 아파트는 월세가 많이 나온다. 이에 반해 시세차익이 큰 상품은 최근 입주한 새 아파트를 제외하면 많지 않다. 시세가 8억 원에도 미치지 못하는 한남아이파크 전용면적 47m²의 호가는 보증금 5천만 원, 월세 230만 원에 이른다. 이 아파트는 분양가 대비 1억 3천만 원 정도의 가격 상승만 있었을 따름이지만, 월세 수익은 서울의 어떤 지역보다도 높다.

반면 시세가 10억 원이 넘어가는 비슷한 크기의 삼성힐스테이트

서울 지역 소형 아파트 비교 예시

구분	한남아이파크	경희궁자이	삼성힐스테이트
세대	270세대	2,533세대	1,144세대
시세차익	下	中	上
월세 수익	上	中	下

는 150만 원 이상의 월세를 받기가 쉽지 않다. 대신 이 아파트는 입주 후 8억 원 이상의 시세차익이 발생했다. 월세보다 시세차익이 많이 발생하는 강남이라는 지역적 특성이 반영된 것이다. 강북의 대장 아파트인 경희궁자이는 월세와 시세 추이를 볼 때 이 두 상품의 중간 정도 위치에 있는 듯하다.

상품에 집중하면
실패할 일도 없다

선진국의 주식 투자자들은 대부분 배당에 집중해 배당을 잘 주는 기업의 주식을 좋은 상품으로 판단한다. 배당이란 기업이 주식을 보유한 투자자에게 소유 지분에 따라 이윤을 분배하는 것으로, 매달 받는 월세를 특정 기간 모아서 주는 것과 같다. 배당주 투자자들은 주식을 보유함으로써 얻는 시세차익을 덤으로 생각한다. 우리 부동산 투자자들도 이제는 이런 선진국 주식 투자자와 같은 자세를 견지할 필요가 있다.

시간을 이기는 투자는 기본적으로 상품에 집중하는 투자 방식이다. 상품에 집중하게 되면 정확성이 떨어지는 부동산 전문가들의 시장 전망은 무시해도 된다. 사실 부동산 시장이 오르고 내리는 데는 여러 이유가 있겠지만 변수가 너무 많기 때문에 이를 정확하게 예측하기란 거의 불가능하다.

불가능한 일에 매달려 시간과 노력을 허비하는 것보다 좋은 상품을 고르는 데 집중하는 것이 바람직한 투자자의 자세다. 이제 부동산 투자자들도 시간을 이기는 투자를 고려할 때다. 거스를 수 없는 고령화와 경제 저성장으로 앞으로 필히 임대사업자의 수가 더 늘어나고 월세 상품이 부각될 것이다.

쉬는 것도 투자다

부동산 시장은 혼란의 시기를 겪고 있다. 거래량과 분양물량 모두 최저를 기록 중이고, 국내 경기 부진과 대출 금리 상승 등 부동산 시장에 위협적인 이슈가 이어지고 있다. 많은 전문가들이 성공적인 부동산 투자를 위해 2020년 이후의 시장을 전망하고 예측하려 애쓰고 있지만 만만치 않다. 어떤 지표가 좋아질지 머리를 싸매고 고민해도 그저 고민에만 그칠 뿐이다.

그야말로 불확실의 시대다. 부동산 정보업체가 아닌 여의도 증권가에 근무하고 있어 '여의도학파'라 불리는 부동산 애널리스트들은 과거 규제 강화 기조 속에서도 아파트 시장의 강세를 예측해 적중한

바 있다. 하지만 그동안 아파트 가격이 계속 오를 것이라는 주장으로 신뢰받았던 여의도학파들마저 지금은 서로 엇갈린 전망을 내놓고 있다.

전략적 휴식이
필요하다

우리나라 투자자들은 부지런해 무엇이든 열심히 한다. 잠시라도 무언가 하지 않으면 뒤처진다고 생각한다. 재테크 쪽은 더욱 그렇다. 가만히 있으면 경쟁에 뒤처져 손실이 난 것과 같은 느낌이 든다. 쉬고 있을 때 다른 사람이 집을 구입해 10%의 수익을 냈다고 하면 자신이 10% 손실을 본 기분이 든다. 하지만 불확실성이 높은 시기에 확신 없이 움직이면 손실을 볼 위험이 크고, 오히려 가만히 있는 사람이 상대적으로 이익을 볼 수도 있다. 너무 부지런한 것이 꼭 옳은 것만은 아니란 의미다.

불확실성이 높다는 것은 다른 말로 리스크가 높다는 뜻이다. 리스크는 수익과 직결되어, 리스크가 크면 수익률이 높고 리스크가 작으면 수익률 또한 낮다. 투자 성향이 공격적이라면 이런 시기가 오히려 기회가 될 수도 있지만, 그렇지 않다면 잠시 리스크를 회피하는 전략을 취하는 것이 바람직하다.

리스크를 회피하기 위해서는 가만히 있기만 하면 되는 걸까? 아무엇도 하지 않는 것은 무엇이든 열심히 하는 우리나라 투자자들의 성격상 견디기 힘들 것이다. 또 모니터링을 멈추고 방관만 하는 것도 바람직하지 않다. 불확실의 시대일수록 꾸준히 시장을 관찰하며 자신의 포트폴리오를 점검하고 종잣돈을 축적해야 한다.

'전략적 휴식'이란 부동산 시장에서 완전히 손을 떼라는 뜻이 아니라 꾸준히 관심을 기울이고 관찰하면서 다가올 기회에 대비하라는 의미다. 이전에 투자한 상품이 있다면 객관적으로 되돌아보며 어떤 측면을 보고 투자했는지, 왜 이 상품에 매력을 느꼈는지, 왜 그때 샀는지 등을 점검하면 된다. 가장 좋은 해답은 물러서서 바라볼 때 나온다. 마음을 차분히 하고 전열을 재정비하자.

쉬는 동안
종잣돈을 확보하자

종잣돈의 중요성은 강조하고 또 강조해도 지나침이 없다. 시장이 불안할수록 위기와 기회가 공존하기 때문에 그 중요성이 더 크게 부각된다. 대부분의 투자자들은 종잣돈이 없어 눈앞에 기회가 와도 쳐다보기만 한다. 이미 목돈이 투입된 상태에서는 새로운 투자금을 조달하기가 힘들다. 따라서 현금을 미리 어느 정도 확보해두는 것이 바람직한 투자자의 자세다.

종잣돈이 확보되어 있으면 서두르지 않게 되고 여유 있게 상품에 집중할 수 있다. 종잣돈을 모으기 위해 큰 노력을 기울였기 때문에 더 꼼꼼히 입지를 분석하고 미래가치를 예측하면서 조심 또 조심한다. 하지만 종잣돈이 없으면 이를 구하러 다닌다고 발만 동동 구르느라 상품을 분석할 여유가 없어진다. 마음이 급하면 덜컥 투자하고 후회하는 일이 잦다.

실제로 필자의 강의를 들으러 온 참가자들에게 투자자금에 관해 물으면 당황해하는 경우가 많다. 미래를 위해 종잣돈을 어떻게 모으고 있는지 물으면 더 당황해한다. 부동산 지식을 아무리 많이 외우고 있어도 실전 경험이 없으면 초짜일 따름이다. 초보자와 경력자의 차이는 그 일을 직접 해봤느냐에 달려 있다. 투자 경력이 무엇이 그리 대단하냐고 반문할 수 있지만, 계약서에 도장을 찍을 때의 느낌, 잔금을 송금할 때의 허전함 등을 느껴보지 못한 사람은 전문가가 될 수 없다. 본인의 투자자금으로 직접 투자하는 것과 남의 투자에 훈수(컨설턴트)하는 것은 천양지차다.

큰 그림을
그리자

불확실의 시대에는 투자 시장을 관조적 자세로 바라보아야 한다. 자신이 직접 바둑을 두는 것이 아니라 옆에서 훈수를 두는 것처럼 부동산 시장을 더 냉정하고 객관적으로 볼 필요가 있다. 실수를 줄이

한국감정원 홈페이지 화면. 매월 부동산 시장을 분석하는 보고서가 나오고 있다.

기만 해도 괜찮다는 여유로운 생각을 가져야 한다. 상승장에서는 허겁지겁 미시적인 정보에 집중할 수 있지만, 불확실의 시대에는 시장 전체를 살펴보아야 한다.

본인만의 프레임을 설정하고 끊임없이 이 프레임이 맞는지 점검해야 리스크를 줄일 수 있다. 필자는 개인적으로 정부의 규제로 인해 부동산 시장에 또다시 상승의 모멘텀이 찾아올 것이라고 본다. 하지만 이것 역시 개인적인 관점이므로, 맞는지 아닌지는 철저히 점검해봐야 할 것이다.

매월 부동산 시장을 분석하는 보고서가 한국감정원(www.kab.co.kr)을 통해 공개된다. 한국감정원에는 부동산 시세 동향과 거래 정보 등 다양한 자료가 올라오는데, 이런 자료와 통계들을 하나씩 읽고 정보를 축적하면 서서히 시장의 윤곽을 그릴 수 있다. 지루하고 지난한 작업이지만 꾸준히 수행하면 통계 간의 상관관계가 보일 것이고 미래를 예측하는 지혜를 얻을 수 있을 것이다. 쉽다고 쉬운 게 아니다. 휴식기를 잘 활용하는 투자자들만이 좋은 기회를 잡을 것이다.

대형 아파트,
지방을 노려라

2000년대 초반 부동산 시장의 스타는 대형 아파트로, 강남 지역 대형 아파트의 경우 자고 일어나면 수천만 원씩 가격이 올라 사람들을 놀라게 했다. 그런데 10년이 지난 지금, 상황은 역전되었다. 소형 아파트 전성시대다. 인구 구조의 변화로 지역을 불문하고 소형 아파트를 원하는 수요가 급격히 증가했고, 수요가 많으니 거래량 또한 늘어났다. 대형 아파트, 특히 오래되었지만 재건축 이슈가 없는 대형 아파트는 한동안 찬밥 신세를 면치 못했고 찾는 이가 없으니 최근 몇 년간 공급도 크게 줄었다.

하지만 이런 흐름에 조심스러운 변화의 조짐이 보인다. 좁은 아파트에서 불편해하던 사람들이 다시 큰 아파트를 찾기 시작하면서 그동안 지지부진했던 대형 아파트의 가격이 꿈틀거리고 있다. 특이한 점은 지역에 따라 대형 아파트의 상승률이 급격한 차이를 보인다는 점이다. 신기하게도 대형 아파트를 찾는 수요는 수도권이 아닌 지방에서 늘어나고 있다.

소형 아파트를
추월한 대형 아파트

한국감정원에 의하면 최근 전국적으로 대형 아파트의 가격 상승률이 소형 아파트를 추월했다고 한다. 공급에 비해 수요가 크게 늘면서 기나긴 기간 소형 아파트에 자리를 내주었던 대형 아파트가 다시금 주목받기 시작한 것이다. 특히 부동산 경기 침체에 허덕이던 지방에서 강세를 보였는데, 대부분의 아파트들이 하락하는 상황에서도 대형 아파트만은 상승세를 이어갔다.

　대형 아파트의 가격 상승률이 상대적으로 높은 이유는 무엇일까? 수급에서 그 원인을 찾을 수 있는데, 참여정부 시절 대형 아파트의 가격 상승률이 월등히 높았던 이유도 수급에 원인이 있었다. 당시에는 무주택 서민들의 주거 생활을 안정시키자는 취지에서 소형 주택의 공급을 늘리는 '소형 평형 의무 비율' 등이 시행되어 대형 아파트를 많이 지을 수 없었다. 또한 국민소득이 증가하면서 질 좋은

(단위: %)

구분	20평 미만	20평대	30평대	40평대	50평 이상
2018년	7.07	29.28	60.11	3.06	0.48
2019년	3.36	30.85	60.76	4.42	0.62
2020년	1.65	33.13	60.61	4.48	0.13

*2020년은 예상치
자료: 부동산지인

아파트를 찾는 수요가 늘어나자 수급의 불균형이 커져 대형 아파트의 가격이 급격히 상승했다.

아파트 평형별 입주물량을 보면 수급의 불균형이 심화되었다는 것을 알 수 있다. 아무리 인구 구조가 1~2인 가구 중심으로 변화하고 있지만, 대형 아파트의 감소세는 그 수준을 넘어섰다. 2000년 초에는 초대형 아파트를 흔히 볼 수 있었지만, 이제 40평형대 아파트만 간간이 보인다.

부동산지인에 의하면 2018년 입주물량에서 40평 이상의 아파트가 차지하는 비중은 3.54%에 불과했다. 2019년에는 5.04%였고, 2020년에는 4.61로 예상된다. 매년 꾸준히 감소세를 기록하고 있는 것이다. 이에 반해 20~30평형대 아파트는 2018년에는 89.39%, 2019년에는 91.61%였고, 2020년에는 무려 93.74%에 이를 것이라고 한다. 아파트 대부분이 20~30평형대만 지어지는 것이다. 그러나 최근 임대를 위해 세대분리형 아파트로 개조하거나 셰어하우스로 활용하는 등 대형 아파트의 활용도가 주목받고 있고, 똑똑한 한 채

로 갈아타려는 수요도 늘어나면서 대형 아파트를 선호하는 이들이
늘어나기 시작했다.

상승률이 높은
지방 대형 아파트

수급의 불균형은 수도권보다 지방에서 더 크게 벌어지고 있다. 왜
지방은 수도권보다 더 대형 아파트를 짓지 않았을까? 부동산 경기
침체에서 그 답을 찾을 수 있다. 지방 아파트 시장이 본격적인 침체
에 들어가기 전까지는 규모별로 가격 상승률의 차이가 크지 않았다.
물론 부동산 경기가 좋았던 서울도 마찬가지였다. 하지만 현재 입
주가 진행되는 아파트가 분양되었던 2~3년 전, 부동산 경기가 좋지
않았던 대전·울산·대구 등은 대형 아파트 공급이 더 적었다.

분양 당시 해당 지방의 부동산 경기가 나빴다면 40평형대 이상
의 아파트를 분양하기가 쉽지 않았을 것이다. 여러 사정으로 당장
분양을 해야 하는데 소형 아파트도 분양될지 장담할 수 없는 상황에
서 대형 아파트를 공급한다는 것은 큰 리스크를 부담하는 전략이다.
그래서 구색 맞추기 식으로 1개 동 정도만 대형 평형으로 짓는 경우
가 흔했다.

실제로 부동산 경기가 좋지 않았던 울산은 2018~2019년 입주
물량에서 40평형 이상의 아파트가 차지하는 비중이 1% 수준이었

(단위: %)

지역별 (전용면적)	40m² 초과~ 60m² 이하	60m² 초과~ 85m² 이하	85m² 초과~ 102m² 이하	102m² 초과~ 135m² 이하	135m² 초과
서울	11.70	12.04	12.28	10.45	8.89
대구	1.34	5.11	4.01	5.43	23.28
대전	0.40	6.04	13.56	12.83	11.94
부산	-6.15	-4.77	-2.37	-2.82	-0.36

자료: 한국감정원

다. 50평형대 이상은 더 심각하다. 2017년부터 2020년까지 단지 24채만 입주할 따름이다.

지역별 아파트 매매가격 상승률을 보면 서울과 부산은 규모별 가격 상승률의 차이가 거의 없는 데 반해, 대구와 대전은 규모별 가격 상승률의 격차가 확연하다. 특히 대구의 경우 전용면적 135m²를 초과하는 아파트의 가격 상승률이 무려 23.28%에 달한다. 수급의 차이가 벌여놓은 격차라고 볼 수 있다. 대구에 2017년 입주한 2만 2천 세대의 아파트 중 40평형대 이상의 비중은 74채로 0.33%에 불과했다. 대전 역시 소형에 비해 중대형의 강세가 뚜렷했고, 조정대상지역 해제 전까지 힘든 시기를 겪은 부산도 소형에 비해 상대적으로 대형의 하락폭이 적었다.

골이 깊으면 산이 높다고 했다. 지방 부동산 시장의 침체가 거의 5년 가까이 계속되고 있지만 언제까지고 이런 상황이 이어지지는 않을 것이다. 서울 부동산 시장에 제동이 걸리고 지방 부동산 시장에 대한 지원이나 규제 완화의 움직임이 시작된다면 지방 아파트도 본격적인 상승 국면에 진입할 것이다. 쉽게 예단하기는 힘들지만 대략 2020년부터라고 본다.

투자자들은 이때를 대비해 선점 투자 전략을 세울 필요가 있는데, 특히 소형 아파트보다는 대형 아파트에 주목해야 한다. 장기간 부동산 경기 침체로 대형 아파트에 대한 공급이 극히 부족한 지방의 경우 대형 아파트가 소형 아파트보다 더 경쟁력이 높을 수 있다.

지방에도 기회는 있다

8·2 대책이 발표된 이후 수도권의 매매가격은 상승하고 지방은 하락하는 기조가 고착화되는 모양새다. 2017년 8월~2019년 9월 수도권 아파트 매매가격은 2.79% 상승한 반면 지방은 오히려 6.14% 하락했다. 똘똘한 한 채에 대한 기대가 더해지면서 지방 부동산을 팔고 수도권, 특히 서울로 진입하는 투자자들도 증가하는 중이다. 2019년 8월 강남 아파트 매수자의 지방 거주자 비율은 22.6%로 2019년 들어서도 꾸준히 상승세를 이어가는 중이다.

서울 부동산 시장이 호황이니 서울로 투자자들이 몰려드는 것은 일견 이해가 된다. 하지만 뚜렷한 근거도 없이 투자 판단을 내리는 것은 지양해야 한다. 자산 시장은 오를 때도 있지만 떨어질 때도 있다. 언제 오르고 떨어질지를 정확히 판단할 수는 없지만, 특정 상품의 흐름을 분석해 틈새시장을 노리는 방법도 있다.

지방 부동산, 단독주택에 주목하라

서울 아파트의 강세는 앞으로도 이어질 것이다. 그에 비해 지방 부동산 시장은 상대적으로 가망이 없다고 느껴질 수 있다. 그러나 지방 부동산 시장에서 아파트가 아닌 다른 물건을 살펴보면 꼭 그렇지만은 않다. 한국감정원에 의하면 2018년 1월~2019년 8월 단독주택의 매매가격 상승률은 4.38%로 1.30% 하락한 아파트보다 높게 나타났다.

권역별로 살펴봐도 마찬가지다. 수도권의 경우 8·2 대책 발표 이후 단독주택의 매매가격 상승률은 5.77%로 1.79%인 아파트보다 높았다. 8·2 대책을 발표하기 1년 전에는 단독주택의 매매가격 상승률은 1.23%로 2.28%인 아파트가 더 높았는데, 8·2 대책이 발표되고 난 이후 단독주택과 아파트의 가격 상승률이 역전된 것이다.

지방은 더 의미 있는 결과가 도출되었다. 2018년 이후 계속 소외되었던 지방 아파트의 매매가격 상승률은 -10.38%, 연립주택·다세대주택의 매매가격 상승률은 -4.72%로 하락세를 면치 못하고 있는 데 반해, 유독 단독주택은 수도권 아파트의 매매가격 상승률보다 2배 넘는 상승률을 보였다. 8·2 대책이 발표되기 1년 전에도 아파트보다 단독주택의 매매가격 상승률이 높았던 점을 고려하면 지방은 이런 추세가 더욱 강화되는 모양새다.

단독주택의 매매가격 상승률은 아파트와 다른 양상을 보인다. 8·2 대책 발표 이후 아파트는 강남3구(동남권)의 매매가격 상승률이 10.30%로 가장 높았으나, 단독주택은 강북 지역 서북권(마포·은평·서대문)의 매매가격 상승률이 6.05%로 가장 높았다. 경기도 지역 중 경부1권(과천·안양·성남·군포·의왕)은 3.32% 상승한 단독주택에 비해 아파트의 매매가격 상승률이 6.09%로 높았으나, 여타 경기도 지역은 단독주택이 더 높았다. 특히 경기도 서해안권(부천·안산·시흥·광명·화성·오산·평택)의 경우 8·2 대책 이후 아파트 매매가격이 1.5% 하락해 하락률이 경기도에서 가장 높았으나, 단독주택은 오히려 3.23% 상승해 경기도에서 2번째로 높은 상승률을 보였다.

여러 현상을 종합해보면 단독주택은 주택으로서 아파트의 가격 상승과 다른 궤적을 밟고 있음을 알 수 있다. 1970년대~1980년대 대표적인 주거 유형이었던 단독주택이 아파트와 행보를 달리하게 된 이유는 단독주택이 주택보다는 토지에 가까운 상품이기 때문이다. 오래된 단독주택은 이미 감가상각을 통해 거의 가치가 없어졌지만 부동산으로서의 가치는 토지에 남아 있다. 따라서 단독주택의 가격은 토지 가격 상승과 아주 밀접한 추이를 보이며, 아파트 가격이 떨어져도 꿋꿋이 버틴다.

전망이 밝은
지방 단독주택

수도권, 특히 서울은 재개발보다는 재건축이 많다. 이는 수도권에 단독주택이 많이 남아 있지 않다는 방증으로, 서울과 달리 지방은 여전히 재개발이 도시정비사업의 주류를 이룬다. 부산 산복도로에 밀집해 있는 단독주택을 떠올려보면 이해될 것이다. 이미 서울은 단독주택이 멸실되어 희소성이 높은 탓에 가격이 높을 수밖에 없다. 오를 만큼 올라 수익성이 떨어진다는 뜻이다. 지방 부동산 시장도

단독주택 매매가격 상승률 상위 10개 권역

순위	지역	권역		상승률
1	부산	동부산권	-	6.10%
2	서울	강북 지역	서북권	6.05%
3	서울	강북 지역	도심권	5.55%
4	세종	-	-	5.27%
5	제주	-	-	4.67%
6	서울	강북 지역	동북권	4.55%
7	서울	강남 지역	서남권	4.55%
8	대구	-	-	4.26%
9	부산	중부산권	-	4.14%
10	서울	강남 지역	동남권	3.93%

자료: 한국감정원

본격적으로 재개발·재건축 사업에 들어가면 단독주택의 희소성이 더 높아질 예정이다.

　이런 현상을 반영하듯 단독주택 매매가격 상승률 1위 권역은 부산의 동부산권(6.10%)이 차지했다. 나머지 단독주택 매매가격 상승률 상위 권역을 살펴보면 부산의 중부산권(4.14%)을 포함해 세종(5.27%)·제주(4.67%)·대구(4.26%) 등 5개 권역이 포함된다. 상승률 상위 10위 권역에 지방이 전혀 포함되지 않은 아파트와는 큰 차이다.

뚜렷한 근거도 없이 투자 판단을 내리는 것은 지양해야 한다.

자산 시장은 오를 때도 있지만 떨어질 때도 있다.

언제 오르고 떨어질지를 정확히 판단할 수는 없지만,

특정 상품의 흐름을 분석해 틈새시장을 노리는 방법도 있다.

평창 동계올림픽이 폐막하면서 강원도 부동산 시장의 활기도 함께
막을 내린 듯하다. 특정 지역에 관한 이야기는 조심스럽지만, 실패
학의 측면에서 접근하면 도움이 될 수 있다. 실패학에서 강조하는
것은 발생한 실패를 드러나게 만드는 것이다. 보통 실패는 감추게
되고 이로 인해 계속 비슷한 실패를 반복하는데, 현재 상황에 대한
정확한 인식만이 강원도 부동산 시장을 부활하게 만드는 지름길이
라고 생각한다. 실패학의 궁극적인 목적은 같은 실수를 반복하지 않
고 성공하는 데 있다.

평창이 속한 강원도의 아파트 시장은 2017년 말까지만 해도 호

(단위: %)

구분	2017년 11월	2017년 12월	2018년 1월	2018년 2월	2018년 3월	2018년 4월
비중	35	46	31	31	30	28

자료: 한국감정원

황이었다. 한국감정원에 의하면 집값 상승률 상위 10개 지역에 속초(6.5%)·강릉(6.4%)·동해(5.9%) 등 강원도 주요 해안 도시가 3곳이나 포함되었다. 전체 집값 상승률 또한 전국 평균보다 높았다. 그러나 2018년 들어 이런 분위기는 완전히 바뀐다. 속초(-1.77%)와 동해(-0.75%)는 물론 춘천(-2.01%)까지 집값이 크게 떨어졌다.

평창 동계올림픽의 화려함이 저물자 강원 지역 부동산 시장의 민낯이 보이기 시작했다. 주민등록상 강원도의 인구는 154만 명에 불과해 내부 수요에는 한계가 있었다. 이러한 상황에서 최근 늘어난 분양물량을 흡수하기 위해서는 외지의 투자 수요를 끌어올 수밖에 없었다. 2017년 11월~2018년 4월 강원도 아파트에 대한 외지인의 거래 비중은 적게는 28%에서 많게는 46%에 이르렀다. 전국 평균이 20% 내외이니 상당한 비중이다.

평창과 양양은 2017년 4분기~2018년 1분기 동안 외지인 거래 비중이 무려 50%가 넘어간다. 문제는 2017년 말을 기점으로 외지인 거래 비중이 감소하고 있고 평창올림픽을 비롯해 서울양양고속도로, 경강선 KTX 등 굵직한 교통 인프라 구축 등의 호재가 끝나면서 남아 있는 개발 이슈가 없다는 점이다.

엎친 데 덮친 격으로 입주물량마저 증가 중이다. 지난 20년간 (2000~2019년) 강원도 아파트의 한 해 평균 입주물량은 약 8,700세대다. 2017년 약 5,500세대에 불과하던 입주물량은 2018년에 접어들자 약 1만 7,300세대가 되었고, 2019년에는 약 1만 6,900세대에 이르렀다. 20년 평균 입주물량의 2배가 넘는 아파트가 최근 2년 동안 쏟아지면서 수요가 부족한 강원도는 입주 대란이 발생할 가능성이 크다.

아파트뿐만이 아니다. 오피스텔의 경우 지금까지 입주한 전체 물량 7,391세대의 38.9%에 이르는 2,882세대 물량이 2017~2019년 3년 사이에 쏟아졌다. 분양할 때까지는 분양권에 머물던 권리가 입주 후에는 주택으로 자리 잡게 된다. 본격적으로 시장에 부담으로 작용할 가능성이 크다. 투자자들은 마이너스 프리미엄과 공실에 대한 걱정으로 잠을 설치게 될 것이다.

분양형 호텔도 걱정거리다. 정확한 통계는 알 수 없지만 적지 않은 분양형 호텔이 강원도에서 분양된 것으로 알려졌다. 업계 추산으로 대략 20~30% 정도의 물량이 미분양으로 남았다고 하는데, 호재가 끝났으니 앞으로 팔리기는 더욱 힘들 듯하다. 분양형 호텔은 생활형 숙박시설이지만 오피스텔과 큰 차이가 없다. 객실 가동률이 떨어지는 지역은 사전에 약속받았던 수익률을 얻지 못할 가능성이 크다.

제주에서는 벌써 관련 소송이 여러 건 진행 중이다. 통계를 살펴보면 대도시 호텔들의 객실 점유율은 높은 반면 휴양지의 객실 점유율은 상대적으로 떨어진다. 대부분 휴양지인 강원도 호텔의 미래가 염려스럽다. 확정 수익을 보장한 상품들도 다수 눈에 띄지만 이는 캐시백과 마찬가지다. 분양가를 높여 그것의 일정 금액을 나중에 돌려주는 것이니 큰 의미는 없다. 더욱이 보장 기간은 대부분 짧고 보장 주체 역시 들어보지 못한 호텔 사업자들인 경우가 많아 장기적인 실효성은 없다고 봐야 한다.

강원 8개 지역 아파트 매매가격지수 변동 현황을 보면 심각성을 알 수 있다. 2019년 8월을 기준으로 강원 주요 지역의 아파트 매매가격지수는 1년 전인 2018년 8월에 비해 하락했다.

강원 8개 지역 아파트 매매가격지수 변동 현황

(단위: %)

구분	2018년 8월	2019년 8월	전년 동월 대비
강원	97.5	90.5	-7.0
춘천	95.8	88.7	-7.1
원주	95.6	86	-9.6
강릉	101.5	97	-4.5
동해	98.4	91.3	-7.1
태백	98.7	98	-0.7
속초	97.3	88.4	-8.9
삼척	97.8	93.5	-4.3

자료: 한국감정원

실패가 남긴
세 가지 교훈

강원도 부동산 시장을 통해 우리는 무엇을 배울 수 있을까? 첫 번째, 수요가 부족한 지역의 호황은 위험하다는 점이다. 154만 명에 그친 강원도의 주택 수요는 여타 지역과 비교하면 매우 부족하다. 특히 인구 유출이 계속되고 있어 외부 수요에 기댈 수밖에 없고, 과거의 사례를 참고하면 결국 폭탄 돌리기의 최대 피해자는 강원도민이 될 것이다. 외부 투자자들은 많은 정보와 자금력 등으로 매입과 매도 시기를 비교적 정확하게 예측하기 때문이다.

두 번째, "공급 이기는 장사가 없다."라는 격언을 다시금 명심해야 한다는 점이다. 평균 입주물량의 2배에 이르는 공급은 필히 부작용을 낳는다. 더 큰 문제는 아파트 분양에 편승해 우후죽순 나타난 오피스텔과 생활형 숙박시설 등 풍선효과의 사생아들이다. 오피스텔의 입지는 도심의 역세권이 적당하며, 생활형 숙박시설과 같은 호텔 또한 비즈니스 수요를 확보할 수 있도록 광역시 내에 위치하는 것이 좋다. 안타깝게도 강원도는 이 두 가지 조건을 모두 충족하지 못해 전망이 어둡다.

세 번째, 거리는 시간의 변수이기도 하지만 인식의 변수이기도 하다는 점이다. 즉 교통 여건의 개선으로 강원도가 반나절 생활권에 접근했다 할지라도 심리적인 거리를 극복하는 것은 또 다른 문제라는 의미다. 특히 항공 수요가 없는 강원도의 경우 불편하다는 인식을 지우기 힘들다. 경강선 KTX가 계속 존치할지는 의문이지만 이로 인해 1일 여행이 가능해진다면 오히려 호텔과 오피스텔은 필요 없어진다. 교통 여건이 개선되지 않았을 때 숙박 여행이 더 활성화될 수 있다. 빨대효과(고속철도나 고속도로 개통으로 인한 대도시 집중 현상)를 고려하면 교통 여건 개선은 양날의 검일 수밖에 없다.

물론 부정적인 영향만 있는 것은 아니다. 강원도의 입주물량 대부분은 원주나 춘천 같은 특정 지역에 집중되어 있다. 이들을 제외하면 과도한 입주물량은 크게 걱정할 필요가 없다. 결국 지금의 어려움은 강원도의 휴양 지역들이 너무 분위기에 휩쓸린 탓이라고 볼 수 있다. 입주물량이 많지 않은 지역의 경우 실수요자라면 가격 조정의 정도를 살피고 매수하는 것 또한 나쁘지 않다.

투자 목적을 분명히 하라

모델하우스를 방문해 상담을 받아보면 분양 상담사가 처음 하는 질문은 이것이다. "실거주예요, 투자예요?" 방문자 대부분은 이 질문에 정확한 대답을 하지 못하고 얼버무리는 경우가 많다. 필자는 직업상 모델하우스를 방문하는 경우도 많고 주변 지인들의 부동산 상담도 곧잘 해주고는 한다. 필자 역시 비슷한 질문을 하면 마찬가지 대답을 듣는다. 왜 이 질문에 대한 답이 중요할까? 성공적인 부동산 투자를 위해서는 투자의 목적이 명확해야 하기 때문이다.

대부분의 부동산 매수(예정)자는 투자자다. 정부의 기준으로 보면 투기자에 해당한다. 특정 아파트에 살고 싶다는 생각을 가지더라도 향후 가격 상승 여부를 꼭 따지고, 본인이 편안히 거주하고 싶은 아파트와 가격 상승이 담보된 아파트 중 하나를 고르라면 당연히 후자를 고른다. 실수요자여도 마찬가지다. 누군들 그렇지 않겠는가?

아파트뿐만이 아니다. 오피스텔을 구입할 예정이라면 이 질문은 더욱 중요하다. 대답에 따라 분양 상담사의 대응이 달라질 것이다. 투자자라고 하면 언제 전매하는 것이 좋은지, 양도소득세를 절세하는 방법은 무엇인지 등을 알려준다. 반면 실거주를 원하는 사람에게는 주변의 생활 인프라나 내부 구조의 장점 등을 이야기해준다. 요즘은 조정대상지역 이상의 지역은 분양권 전매가 제한되지만, 실거주를 원하는 수요자에게는 그런 이야기도 해줄 필요가 없다.

목적이 명확해야
수익을 낼 수 있다

명확하지 못한 목표는 투자에 따른 수익 확보를 어렵게 만든다. 해당 상품을 선택하는 데 따르는 문제점 등을 제대로 전달받지 못할 수도 있다. 특정 부동산에 대한 정보를 제대로 확보하지 못하는 점도 문제지만 투자 목표가 애매하면 처음부터 잘못된 상품을 고를 수도 있다.

예를 들어 투자가 목적으로 2년 후 이 부동산을 매도할 예정이라면 단기간에 가격이 오를 수 있는 부동산이 적당하다. 그게 아니고 거주가 목적이라면 단기보다는 장기, 매도보다는 보유에 따르는 문제점을 고민해야 한다. 선택할 수 있는 상품 자체가 달라질 수밖에 없다.

최근에는 투자의 목적이 명확해야 하는 더 큰 이유가 생겼다. 월세를 받는 부동산과 전세로 시세차익을 내는 부동산 간의 구분이 비교적 뚜렷해지고 있기 때문이다. 부동산에 투자해보면 월세가 잘 나오는 부동산은 시세차익이 크지 않고, 시세차익이 괜찮은 부동산은 월세가 시원치 않을 때가 많다.

또한 아무리 좋은 지역의 오피스텔이라도 아파트만큼 시세차익이 발생하지는 않는다. 이는 상품에 문제가 있는 것이 아니라, 오피스텔은 월세로 수익 대부분을 확보하기 때문에 더이상의 수익(시세차익)을 만들어내기가 어렵기 때문이다. 따라서 오피스텔이나 상가와 같은 수익형 부동산은 군이 분양할 때 미리 구매할 필요는 없다. 입주 때까지의 짧은 기간 동안 시세차익이 발생할 가능성이 거의 없기 때문이다.

모든 상품에 적용되지는 않지만 일반적으로 월세를 많이 받는 상품은 시세차익이 크지 않고, 시세차익이 큰 상품은 월세 수입이 많지 않다. 따라서 본인이 월세 수익을 바라는지 시세차익을 바라는지 명확히 하고 상품을 찾아 나서야 한다. 그렇지 않으면 시세차익을 원하는 투자자가 월세가 많이 나오는 아파트를 전세로 빌려주는 바보 같은 행동을 할 수도 있다.

앞으로 모델하우스를 방문하거나 전문가를 만날 때 "실거주예요,

투자예요?"라는 질문을 받으면 자신 있게 대답하기 바란다. 투자의 첫걸음은 자신의 목표를 뚜렷하게 깨닫는 것이다. 이를 통해 자신을 도와줄 전문가들의 적절한 조언을 확보한다면 원활한 투자가 가능해지고 실수를 줄일 수 있을 것이다.

해외 부동산 투자의 시대가 열린다

2000년대 후반 한국의 부동산 투자자들은 중국으로 달려갔다. 당시 국내 부동산 시장은 정부의 규제로 비틀거리고 있을 때였지만, 세계적인 경기 호황은 해외 부동산 투자가 활성화되는 데 기폭제 역할을 했다. 양도소득세 중과와 전매 제한, 대출 규제 등으로 국내 부동산 시장에 투자하기가 갈수록 어려워지자 투자자들의 발길은 해외로 향했고, 급속하게 경제가 성장하고 있던 중국의 부동산이 대체 투자처로 부각되었다. 당시 중국의 1인당 국민소득은 2천 달러대였기 때문에 여러모로 성장 가능성이 컸다.

2019년 국내 부동산 시장 또한 10년 전과 유사한 흐름을 보였

해외 부동산 투자가 증가한 연도 비교

구분	2008년	2019년
부동산 경기	호황→불황	호황→관망
정부 규제	강화→재강화	강화→재강화
투자자금	풍부	매우 풍부
글로벌 투자 인식	좋음	아주 좋음

다. 세계 경기는 호황이지만 유래 없는 규제 강화로 국내 부동산 시장이 불안정해졌고, 문재인 정부는 2019년 12월 16일 18번째 부동산 대책을 발표한 뒤에도 언제든지 더 강한 규제를 내놓을 수 있다며 으름장을 놓았다.

부동산 투자를 위해서는 자금이 필요한데, 2008년과 2019년 모두 유동성이 풍부했다. 또한 베이비붐 세대와 달리 에코붐 세대는 대부분 해외 체류 경험이 있어 글로벌 투자에 대한 거부감이 적었다.

해외 부동산 투자
10년 주기설

이런 상황적 변수는 10년 전과 유사해 보이지만 다른 부분이 있다. 해외 부동산 투자에 대한 한국인들의 기대가 장기화될 수 있다는 점

2008년 vs. 2019년 해외 부동산 투자 차이점 비교

구분	2008년	2019년
투자 수요	실수요	투자 수요
투자 지역	선진국+중국	선진국+베트남
투자 기간	단기	중장기
투자자	자산가	자산가+중산층

이다. 이는 한국 부동산 시장에 대한 정부의 강한 규제가 10년 이상 지속될 수 있기 때문인데, 만일 진보정권의 집권이 다시 이어진다면 충분히 가능한 이야기다. 또한 자산에 대한 투자가 점점 글로벌화되고 있다는 점을 고려하면 해외 부동산 시장에 관한 관심은 단기간에 끝나기 어려울 듯하다.

이런 이유와 함께 최근 버블이라는 진단까지 나오는 중국 부동산 시장을 대체할 수 있는 투자처로 베트남이 급속히 부각되었다. 현재 베트남의 1인당 국민소득은 10년 전 중국과 유사한 2천 달러대다. 해외 부동산 투자에 대한 수요를 막연히 투기 수요라 치부할 수 있지만 실수요도 만만치 않다. 이 중 증여를 목적으로 한 수요도 상당하다.

실제로 부모와 자녀가 함께 부동산 투자를 위해 베트남에 방문하는 경우도 많다. 증여세를 납부하고 1억 원 상당의 베트남 아파트를 자녀 명의로 구입한 뒤, 돌아오는 비행기 안에서 "이제 자식 혼수 걱정은 없다."라고 말하는 투자자들이 적지 않은 것을 보면 이러한 추세가 장기간 지속될 수 있다고 본다.

중산층의 해외 부동산 투자가 늘었다는 점도 10년 전과는 큰 차이다. 웬만한 서울 아파트의 가격이 10억 원을 넘어가면서 해외 아파트 가격이 상대적으로 저렴하게 느껴지기 시작했다. 일본 도쿄 긴자에서 4km 떨어진 도시개발지구 아리아케에 분양되는 패밀리형 아파트는 6억~7억 원 내외다. 대출을 70%까지 활용하면 2억 원이 안 되는 금액으로 도쿄 도심 아파트의 주인이 될 수 있다. 2019년 8월 기준 서울 아파트의 상위 20% 평균 매매가격이 16억 7천만 원인 점을 고려하면 일본의 신규 아파트 분양가는 상대적으로 저렴하게 느껴진다.

서울 아파트에 관한 기대가 공고한 것처럼 해외 부동산 투자에 대한 투자자들의 니즈 역시 장기적이고 구조적으로 될 가능성이 크다. 중국을 대체해 급속히 성장하는 베트남과 안정적인 월세 수익이 보장되는 일본 등이 우리를 유혹하고 있다. 동남아 국가들은 시세차익 위주로 접근하고, 일본과 같은 선진국은 안정적인 월세 수익을 추구한다면 큰 무리 없이 해외 부동산 투자에 성공할 수 있다.

새롭게 떠오르는 해외 부동산 투자에 대해 정부도 관심을 가져야할 때다. 2006년부터 해외 부동산 투자 자유화가 진행된 이유는 환율을 안정시키고 국내 부동산 시장의 과열을 진정시키기 위해서였다. 국내 부동산 시장이 불안한 지금, 다시 그때의 목적을 상기해야하지 않을까?

심리적 거리가
가까워야

국내 부동산 투자와 비교해 해외 부동산 투자의 가장 큰 차이점은 투자한 지역과 자신의 거주지가 멀리 떨어져 있다는 점이다. 투자한 지역과 거주지 간의 거리가 멀면 멀수록 불편이 가중된다. 특히 유의해야 할 점은 물리적 거리도 중요하지만 심리적 거리가 더 중요하다는 것이다.

해외 부동산 투자를 경험하기 위해 외국에 나가보면 투자자들 대부분 방문하는 나라와 어떤 형태로든 인연이 있는 경우가 많다. 과거에 유학 경험이 있거나 자녀들이 해당 국가 학교에 재학 중이거나 해당 국가로 주재원으로 파견을 나가 오랜 기간 살았던 경우가 의외로 많다. 이렇게 인연이 있는 국가는 심리적 거리가 훨씬 가깝다. 베트남에 근무했던 경험이 있던 한 투자자는 비행기로 1~2시간 걸리는 일본보다 5시간이 넘는 베트남을 훨씬 가깝게 느껴 투자를 결정했다. 이처럼 물리적 거리보다 심리적 거리가 가까운 지역을 고르는 것이 좋다.

해당 국가를 잘 알고 있다면 투자 이후 관리에 있어서도 편안함을 느낀다. 해외 부동산에 투자하는 국내 투자자의 경우 투자한 국가에 많은 시간을 할애할 수 없어 해당 지역에 대해 잘 모르거나 불안을 느낀다면 그 자체만으로도 마이너스다. 자주 방문할 수도 없는데 불안해하면서까지 꼭 무리하게 투자할 필요는 없다.

실제적인 소유권
가능 여부를 확인하자

최근 해외 부동산에 투자하는 국내 투자자들은 과거와 달리 개발도 상국에 관한 관심이 크다. 베트남을 비롯해 동남아시아 지역이 대 표적인데, 개발도상국 대부분은 아직 외국인에게 부동산 시장을 완 전히 개방하지 않고 있다. 최근 베트남이 국내 부동산 투자자들에 게 관심을 받고 있는 이유도 주택법이 개정되어 아파트의 경우 최대 30%까지 외국인이 매입할 수 있기 때문이다.

인도네시아 등 다른 국가들은 외국인이 아파트를 매입할 수 없 다. 태국 역시 아파트는 매입할 수 없지만 레지던스(호텔 수준의 서비 스가 제공되는 시설)는 소유할 수 있고, 말레이시아는 조호르바루와 같은 특구에서 투자 이민 용도로 아파트를 매입할 수 있다. 이처럼 국가별로 부동산에 대한 정책이 다르기 때문에 이를 먼저 확인해야 한다.

대출 여부도
중요하다

베트남을 비롯한 동남아시아 핵심 도시의 아파트 가격은 우리나라 지방 소도시와 큰 차이가 없다. 부동산 투자는 실제 투자자금이 얼마인지가 중요한데, 아무리 투자자금이 풍부하다 할지라도 100% 현금으로 아파트를 구매하는 경우는 거의 없다.

대출을 잘 이용하면 향후 아파트가 올랐을 때 레버리지 효과로 수익률을 극대화할 수 있지만, 안타깝게도 개발도상국은 원천적으로 외국인이 대출을 받기 힘들다. 따라서 전체 투자금액이 적다고 하더라도 이를 모두 본인 자금으로 조달해야 한다.

반면 선진국은 외국인도 대출을 받을 수 있다. 개인이 직접 대출할 수도 있고, 특수목적법인(SPC; Special Purpose Company)을 설립해 우회적으로 대출을 받는 방법도 있다. 대출 규제가 심한 우리나라와 달리 선진국은 외국인이라고 하더라도 보통 전체 매입금의 70%까지 대출이 가능하다.

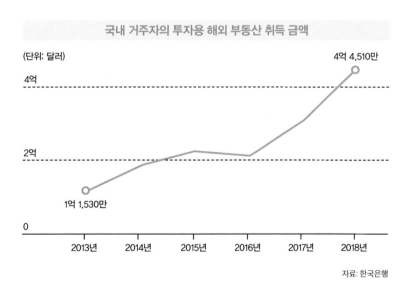

국내 거주자의 투자용 해외 부동산 취득 금액

(단위: 달러)

4억 4,510만

4억

2억

1억 1,530만

0

2013년　2014년　2015년　2016년　2017년　2018년

자료: 한국은행

이러한 레버리지를 고려하면 개발도상국이나 선진국 아파트를 매입하는 데 소요되는 초기 매입금은 큰 차이가 없다. 무턱대고 저렴하다는 이점 하나만을 보고 철저한 분석 없이 개발도상국 아파트를 매입하는 일은 없기 바란다.

해외 부동산 투자도 원칙을 지키면 위험하지 않다. 매년 국내 거주자의 해외 부동산 취득 금액도 증가하는 추세다. 2013년에는 그 규모가 1억 1,530만 달러에 불과했지만 2018년에는 4억 4,510만 달러까지 치솟았다. 전문가들의 조언을 바탕으로 충분한 사전조사와 체계적인 현지 탐방이 선행된다면 누구나 쉽게 접근할 수 있다. 자산가들의 자산배분 전략이 더욱 글로벌화되고 있으므로, 향후 해외 부동산 투자가 포트폴리오의 한 축을 담당하게 될 것이다.

직방으로 살펴본
투자하기 좋은 서울 아파트

서울 4억 원대
역세권 아파트 5곳

지난 몇 년 간 서울 아파트는 전반적으로 크게 상승했다. 2018년 처음으로 서울 아파트 중위가격은 8억 원을 돌파했고, 2019년 말을 기준으로 9억 원에 육박한다. 하지만 평균은 평균일 뿐이다. 평당 가격이 1억 원을 훌쩍 넘는 강남 아파트가 있는가 하면, 같은 서울이지만 평균보다 낮은 수준의 시세를 형성하고 있는 곳도 있다. 그중에서 입지가 좋고 내재가치가 뛰어난 아파트를 찾으면 된다.

9억 원의 절반인 4억 원대로 서울에서 구입할 수 있는 아파트도 분명히 있다. 비교적 적은 금액으로 서울에 내집마련을 하고자 하는 투자자를 위해 직방의 도움을 받아 5곳을 추려보았다. 전망이 좋은 서울 역세권 4억 원대 아파트는 다음과 같다.

1. 북가좌신일해피트리

북가좌신일해피트리는 서대문구 북가좌동에 위치한 디지털미디어시티역 역세권 아파트다. 2005년 입주했고 총 111세대로 구성되어 있다. 공급면적 76㎡ 4층이 2017년 6월 3억 9,700만 원에 거래되었고, 2019년 12월  시세가 더 상승해 직방 애플리케이션 기준으로 4억 4천만 원이다.

아파트에서 도보 5분도 안 되는 거리에 디지털미디어시티역이 있다. 공항철도를 이용할 경우 서울역까지 12분이면 갈 수 있고, 단지 앞에 다양한 노선이 지나는 버스 정류장이 있어 서울 접근성이 뛰어나다.

2. 중앙하이츠

중앙하이츠는 구로구 구로동에 위치한 구로역 역세권 아파트다. 1987년 11월에 입주했고 총 6개 동 579세대로 이루어져 있다. 공급면적 76m² 15층이 2018년 10월 4억 500만 원에 거래되었다. 2019년 12월 시세는 직방 애플리케이션 기준으로 4억 4천만 원이다.

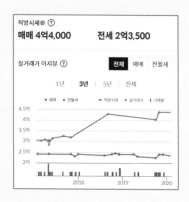

채광이 좋고 조용하면서도 편의성이 뛰어난 단지다. 주변에는 큰 마트가 3곳이나 있고, 인근에 체육공원 및 돔구장이 있어 수영을 비롯한 다양한 운동을 즐길 수 있다. 초중고도 가까워 자녀가 있는 가정이라면 메리트가 있는 아파트다.

3. 한신

다음은 중랑구 중화동에 위치한 상복역 역세권 아파트 한신이다. 1997년 입주했고 총 세대수는 1,544세대로 대단지. 공급면적 83m²의 2019년 12월 시세는 직방 애플리케이션 기준으로 4억 5,500만 원, 공급면적

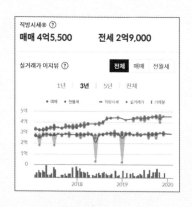

72m²는 이보다 좀 더 낮은 3억 8천만 원이다.

한신아파트는 초역세권의 편리함과 좋은 생활 환경을 갖춘 단지다. 상복역이 도보 2분 거리에 있고, 도보 15분 거리에는 코스트코

와 홈플러스 등 다양한 쇼핑몰이 있다. 재래시장도 가까워 장보기가 무척 편리하고, 전체적으로 쾌적한 환경을 자랑한다.

4. 쌍용

쌍용은 동대문구 이문동에 있는 신이문역 역세권 아파트다. 세대수는 총 1,318세대로, 2000년 11월에 입주했다. 공급 면적 81m² 3층이 2019년 11월에 4억 6,500만 원에 거래되었다. 2019년 11월에 신고된 공급 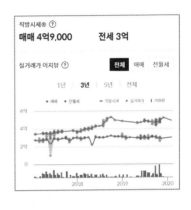 면적 81m²의 매매거래 건수는 10건으로 거래가 활발하다. 2019년 12월 시세는 직방 애플리케이션 기준으로 4억 9천만 원이다.

신이문역과 중랑천이 가까워 편리한 교통과 쾌적한 환경이라는 두 조건을 동시에 충족했다. 대단지답게 단지 내 상가도 크고, 유치원과 어린이집도 있어 영유아 자녀를 둔 가정에 추천한다.

5. 럭키

마지막은 구로구 구로동에 위치한 럭키 아파트다. 총 427세대로 대림역에서 도보 1분 거리에 있다. 20평대만 3가지 타입이 있는데, 그중 공급면적 75m²의 2019년 12월 시세는 직방 애플리케이션 기준으로 4억 1,500만 원이다.

단지 내 상가도 있고, 도보 5분
거리에 대형마트가 있어 장을 보
기 수월하다. 가까이에 공원과
도림천이 있어 산책하기도 좋다.
무엇보다 직주근접성이 무척 뛰
어나 가격 대비 상품성이 좋다.

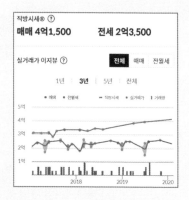

지금까지 서울 4억 원대 역세권 아파트 5곳을 살펴봤다. 강남과
같이 핵심 입지는 아니지만 지하철역이 가까워 출퇴근이 편리하고,
가격도 합리적이다. 비교적 적은 금액으로 서울에 내집마련을 하고
자 한다면 참고하기 바란다.

1인 가구를 위한
10평대 아파트 5곳

통계청에서 실시한 인구총조사에 따르면 우리나라 1인 가구수는 약
584만 세대로 전체 가구수의 29.3%를 차지한다. 1인 가구가 빠른
속도로 증가하면서 소비 트렌드는 물론이고 주거 트렌드까지 변화
하고 있다.

최근 들어 신축 아파트를 보면 이러한 트렌드를 반영하듯 10평
대의 소형 평수 세대가 늘어나는 추세다. 아직 큰 목돈이 마련되지

않은 싱글이나 신혼부부들이 많이 찾아 거래도 활발하다. 이번에는 늘어나는 1~2인 가구를 위해 교통도 편리하면서 거주하기도 좋은 서울의 10평대 아파트 5곳을 직방의 도움으로 찾아봤다.

1. 신당KCC스위첸

1인 가구가 살기 좋은 10평대 아파트로는 신당KCC스위첸이 있다. 2019년 6월 입주했고 세대 수는 총 176세대다. 이 중 9개 세 대가 공급면적 62m²로 방 2개, 욕실 1개의 구조다. 위치는 중구 신당동이고 2호선 상왕십리역에

서 도보로 이용 가능한 거리에 있다. 단지 뒤로 공원이 있어 산책을 즐기기 좋고, 초등학교도 도보 2분 거리에 있어 어린 자녀를 둔 학부 모들에게 좋은 상품이다.

2019년 12월 기준으로 아직까지 매매는 없었지만, 2019년 6월 1층이 3억 9,500만 원에 전세 거래되었다. 월세는 2019년 5월에 보 증금 1억 원, 월세 100만 원으로 계약된 건이 있다.

2. 공덕파크자이

공덕파크자이는 11평과 22평이 각각 4세대씩 있다. 2015년 8월 에 입주한 공덕파크자이는 총 4개 동 288세대로 이루어져 있다. 퀵

드러플 역세권인 공덕역에 위치
해 있고, 단지 앞을 지나는 백범
로가 공덕오거리로 연결되어 이
를 통해 서울역과 용산구청, 아
현동은 물론 마포대교를 건너 강
남까지도 이동이 편리하다.

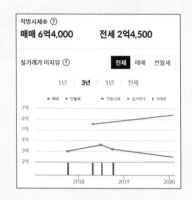

서울 중심가에 위치해 있어
교통이 좋은 단지를 찾는 직장인과 맞벌이 부부에게 적합한 단지다.
방 1개, 욕실 1개로 구성된 공급면적 37m² 3층이 2018년 5월 5억
5,500만 원에 매매되었고, 2019년 12월 시세는 직방 애플리케이션
기준으로 6억 4천만 원이다.

3. 래미안에스티움

이번엔 소형 평수 비율이 비
교적 많은 영등포구 신길동의 래
미안에스티움이다. 방 2개, 욕실
1개로 구성된 공급면적 60m²가
무려 93세대로, 전체 1,722세대
중 약 5% 정도를 차지한다.

래미안에스티움은 7호선 신
풍역 초역세권 아파트다. 2017년 4월에 입주한 이래 꾸준히 신길동
인기 아파트 순위에 올랐다. 2019년 11월 기준 직방 내 신길동에서

5번째로 많이 검색된 단지이기도 하다.

여러 테마를 가진 공원이 있는 등 자연친화적으로 꾸며져 인기가 좋다. 그중에서 1인 가구에게 적합한 공급면적 60m²는 2019년 8월 7억 4,500만 원에 매매되었고, 2019년 12월 시세는 직방 애플리케이션 기준으로 8억 1천만 원이다.

4. 극동

동작구 사당동의 극동 아파트는 1993년에 준공되어 꽤 오래되었지만, 소형 평수가 많아 손바뀜이 잦고 전세 매물도 빠르게 사라지는 아파트다. 18평, 20평, 23평이 각각 133세대, 103세대, 204세대 있다. 극동 아파트는 깨

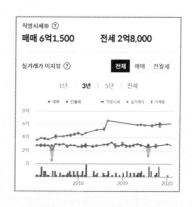

끗한 공기와 조용한 분위기가 특징이다. 단지 뒤편에 서달산이 있어 푸른 녹지가 한눈에 들어오고, 삼일공원에서는 가벼운 산책을 즐길 수 있다.

공급면적 59m²가 2019년 9월에 3건 매매되었고, 10월에는 8층이 6억 원에 거래되었다. 동일 평형의 전셋값 시세는 2억 8천만 원 수준이다. 2019년 12월 시세는 직방 애플리케이션 기준으로 6억 1,500만 원이다.

5. 현대리버빌1차

마지막으로 소개할 아파트는 1999년 11월 입주한 현대리버빌1차다. 송파구 풍납동에 위치하고 있고 총 577세대다. 192세대가 있는 18평은 방 2개, 욕실 1개로 구성되어 있다. 주변에 빌라와 주택만 있어 조용하고, 반

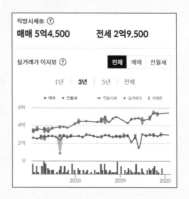

대편엔 넓은 잔디밭이 있어 쾌적한 환경을 자랑한다. 버스 정류장에서 이용할 수 있는 노선이 한정적이긴 하지만 조용한 단지를 찾는다면 추천할 만하다.

현대리버빌1차는 최근 강동구에 신축 대단지 아파트와 재건축 아파트가 상승하면서 함께 몸값을 올리고 있다. 2019년 10월 기준 공급면적 58m²가 5억 4,100만 원에 거래되었고, 2019년 12월 시세는 직방 애플리케이션 기준으로 5억 4,500만 원이다.

투자자를 위한
유용한 사이트

국토교통부 실거래가 공개시스템 ▶ rt.molit.go.kr
부동산 상품별 실거래가 정보를 제공한다. 주소 검색뿐만 아니라 지도에서 바로
정보를 확인할 수 있어 이용이 편리하다.

아파트투유 ▶ www.apt2you.com
인터넷 주택 청약이 가능한 사이트. 각종 상품별 매물 정보와 미분양 시세를 제공
한다. 청약 경쟁률 및 가점 계산도 가능해 무주택자에게 특히 유용하다.

대법원 인터넷등기소 ▶ www.iros.go.kr
부동산 등기의 발급과 열람이 가능하다. 전자로 등기 신청을 하기 위해서는 사전에
등기소에 출석해 사용자 등록을 해야 한다.

네이버 부동산 ▶ land.naver.com

매매 및 임대 물건 정보, 아파트 부동산 시세, 분양 정보, 부동산 뉴스 등을 정리해 제공한다.

정부24 ▶ www.gov.kr

부동산과 관련된 각종 민원서류의 인터넷 발급이 가능하다. 주민등록등본이나 소득확인증명서와 같은 기타 생활 민원서류도 인터넷으로 발급받을 수 있다.

한국감정원 ▶ www.kab.co.kr

국토교통부 산하 공기업으로, 각종 부동산 통계와 부동산 정책을 한눈에 볼 수 있다.

조이스랜드 부동산 ▶ joinsland.joins.com

부동산 관련 뉴스와 부동산 시세, 매물 및 분양 정보를 알 수 있다. 전세비율, 매매 가격 상승률, 조회수 등 다양한 테마로 부동산 시세를 검색할 수 있다.

씨:리얼 ▶ seereal.lh.or.kr

한국토지주택공사에서 운영하는 사이트로, 부동산 정보뿐만 아니라 인구와 토지, 주택 등에 관한 각종 통계와 관련 정책 확인이 가능해 유용하다.

서울시 부동산 정보광장 ▶ land.seoul.go.kr

서울 지역 부동산의 실거래가와 아파트 분양 및 전월세 가격 정보를 확인할 수 있다.

KB부동산 리브온 ▶ onland.kbstar.com

KB국민은행에서 제공하는 사이트. KB국민은행의 부동산 관련 통계, 각종 매물, 아파트 시세, 부동산 금융상담, 분양, 청약 등의 정보를 제공한다.

위택스 ▶ www.wetax.go.kr

부동산 관련 세금 계산 및 납부, 체납 확인이 가능하다. 지방소득세, 주민세와 같은 각종 세금 처리도 가능하다.

호갱노노 ▶ hogangnono.com

부동산 알림 서비스. 10년간 실거래가, 아파트 시세, 실거주자 리뷰, 전국 학군 정보 등을 얻을 수 있다. 모바일 애플리케이션으로도 제공된다.

정보공개포털 ▶ www.open.go.kr

정부 기관이 보유한 정보를 원문으로 확인하고 청구 및 이의를 신청할 수 있다.

누가 뭐래도 서울 아파트를 사라

초판 1쇄 발행 2020년 1월 30일
지은이 심형석 · 강승민
펴낸곳 원앤원북스
펴낸이 오운영
경영총괄 박종명
편집 이광민 · 최윤정 · 김효주 · 강혜지 · 이한나
마케팅 안대현 · 문준영
등록번호 제2018-000146호(2018년 1월 23일)
주소 04091 서울시 마포구 토정로 222 한국출판콘텐츠센터 319호(신수동)
전화 (02)719-7735 | **팩스** (02)719-7736
이메일 onobooks2018@naver.com | **블로그** blog.naver.com/onobooks2018
값 16,000원
ISBN 979-11-7043-053-7 03320

이 도서의 국립중앙도서관 출판예정도서목록(CIP)은 서지정보유통지원시스템 홈페이지(http://seoji.nl.go.kr)와
국가자료공동목록시스템(http://www.nl.go.kr/kolisnet)에서 이용하실 수 있습니다.(CIP제어번호: CIP2020000868)

* 원앤원북스는 독자 여러분의 소중한 아이디어와 원고 투고를 기다리고 있습니다.
  원고가 있으신 분은 onobooks2018@naver.com으로 간단한 기획의도와 개요, 연락처를 보내주세요.